365페이지를 찢는 인생

365페이지를 쓰는 인생

발행일	2024년 6월 17일

지은이	김형준, 서미소, 서영식, 서주운, 이경숙, 이선희, 이성애, 이은설, 이현경, 정인구, 정원희		
펴낸이	손형국		
펴낸곳	(주)북랩		
편집인	선일영	편집	김은수, 배진용, 김현아, 김부경, 김다빈
디자인	이현수, 김민하, 임진형, 안유경, 최성경	제작	박기성, 구성우, 이창영, 배상진
마케팅	김회란, 박진관		
출판등록	2004. 12. 1(제2012-000051호)		
주소	서울특별시 금천구 가산디지털 1로 168, 우림라이온스밸리 B동 B113~115호, C동 B101호		
홈페이지	www.book.co.kr		
전화번호	(02)2026-5777	팩스	(02)3159-9637

ISBN	979-11-7224-140-7 03180 (종이책)	979-11-7224-141-4 05180 (전자책)	

(주)북랩 성공출판의 파트너

북랩 홈페이지와 패밀리 사이트에서 다양한 출판 솔루션을 만나 보세요!

홈페이지 book.co.kr   •   **블로그** blog.naver.com/essaybook   •   **출판문의** book@book.co.kr

작가 연락처 문의 ▸ ask.book.co.kr

작가 연락처는 개인정보이므로 북랩에서 알려드릴 수 없습니다.

글 쓰면서 살기로 했습니다

365 페이지를 쓰는 인생

김형준, 서미소, 서영식, 서주운,
이경숙, 이선희, 이성애, 이은설,
이현경, 정인구, 정원희 지음

북랩

"작가님 뭘 써야 할지 모르겠어요.", "제가 쓴 글이 창피해서 블로그에 못 올리겠어요", "글을 꾸준히 쉽게 쓰는 방법이 없을까요?", "글이 안 써질 때는 어떻게 해요?", "저도 책을 낼 수 있을까요?" 예비 작가들에게 자주 듣는 말입니다. 저도 똑같은 고민 했습니다. 이 책을 읽으시는 분 중 한 가지라도 해당한다면 이 책에서 해답을 얻을 수 있습니다.

다섯 살 아이에게 가장 좋은 스승은 여섯 살 형입니다. 먼저 경험했기에 생생하게 가르쳐 줄 수 있기 때문이지요. 직장, 학교, 가정, 사회에서도 마찬가지입니다. 이 책을 쓴 우리 11명 코치는 나이, 성별, 직업, 사는 곳, 가치관 등이 다르지만, 같은 게 하나 있습니다. 글 쓰는 삶을 위해 글쓰기 공부했고, 꾸준히 쓴 글을 모아 책을 냈고, 한발 더 나아가 가르치는 삶으로 이어졌다는 것입니다.

이렇게 성장한 11명 라이팅 코치의 좌충우돌 성장 이야기를 담았습니다. 우리의 이야기가 글쓰기를 두려워하고 시작이 막막한 여러 독자에게 조금이나마 도움이 되었으면 좋겠습니다.

"작가로서의 시작하는 사람들에게 글 쓰는 재능을 연마하기 전에 뻔뻔함을 키우라고 말하고 싶다."『앵무새 죽이기』로 퓰리처상을 수상한 미국의 여류소설가 하퍼 리가 한 말입니다. 여기서 '뻔뻔함'이란 부정적인 의미가 아닌, 자신 있게 내 목소리를 내야 한다는 의미입니다. 그러나 글쓰기를 시작하는 독자 중에는 자신의 글과 다른 사람의 글을 비교합니다. 아무리 봐도 자기보다 잘 쓰는 사람이 차고 넘칩니다. 나보다 못 쓰는 사람은 보이지 않습니다. 어쩌다 용기 내 글을 써 보지만, 그때마다 내 안에 원숭이가 속삭이지요. "이걸 글이라고 썼어? 이렇게 쓰면 사람들이 욕할 거야. 왜 욕먹을 짓을 사서 하려고 해. 서랍에 보관했다가 더 배우고 올려도 늦지 않아." 결국 원숭이의 유혹에 넘어가 글쓰기를 주저하거나 포기합니다. 처음부터 글쓰기 재능이 있는 사람은 드뭅니다. 나보다 글을 잘 쓰는 사람이 수없이 많지만, 그들도 처음부터 재능을 발견하지 못했습니다. 잘 쓰고 못 쓰고는 중요하지 않았습니다. 남의 시선에 신경 쓰지 말고 나에게 집중하는 겁니다. 재고 따질 것 없이 그냥 쓰다 보면 내 안에 글이 있다는 걸 발견하게 됩니다. 그러다 보면 나뿐만 아니라 남을 돕는 글도 쓰게 되고 삶도 좋아지는 경험을 할 수 있습니다. 두려움의 특효약은 '반복'이지요. 여기에 뻔뻔함을 덧붙이면 좋겠습니다.

우리는 하루 동안 수많은 경험을 합니다. 불행히도 하루만 지나도 어제 일은 잘 기억나지 않습니다. 에빙하우스의 망각곡선에 따르면 오늘 100을 외우면 내일 30도 기억나지 않는다고 합니다. 삶은 하루의 합입니다. 소중한 나의 하루가 흔적 없이 사라진다면 억울하지 않을까요? 합격의 기쁨, 실패의 아픔, 성공의 희열, 이런 것만이 글감이 되는 건 아닙니다. 누구나 고만고만한 하루를 삽니다. 평범한 일상에서 눈에 보이고 귀에 들리고 손으로 만져지는 모든 것이 글감입니다. 우리가 무심코 지나쳤던 일상이 11명의 코치를 통해 얼마나 근사한 글이 되는지 이제부터 경험하게 될 것입니다.

11명 작가는 라이팅 코치로 활동 중입니다. 매주 새로운 강의를 수강하고, 매일 글을 쓰고, 직접 가르치는 삶을 사는 중입니다. 이 책에는 11명 코치의 글 쓰는 방법은 물론 그들의 지혜도 담아내려고 노력했습니다. 마치 독자 옆에 나란히 앉아 소곤소곤 이야기를 전하는 느낌으로 썼습니다. 글을 쓰면 삶이 나아진다고 말합니다. 왜 그럴까요? 긍정적인 표현을 자주 쓰면 생각이 달라지고 생각이 달라지면 행동도 변하기 때문입니다. 이 책을 쓴 11명 코치의 삶도 이러한 과정을 지나왔습니다. 그 덕분에 글쓰기를 가르치는 삶도 살 수 있게 되었습니다. 이 또한 얼마나 감사하고 고마운지 모르겠습니다. 물론 이 책을 선택한 독자 여러분의 삶도 그러했으면 좋겠습니다. 11인 11색의 풍성한 경험을 여러분과 나눌 수 있어서 다행입니다.

1장에서는 글쓰기에 대한 두려움과 망설임을 극복하는 방법을 담았습니다. 매일 글을 쓰는 게 어떻게 일상에 활력이 되고 포기하지 않고 쓸 수 있는지 보여줄 것입니다.

2장은 소소한 일상에서 글감을 찾고, 이를 어떻게 매력적인 글로 발전시키는지 11명 코치의 비법을 공개합니다.

우리는 저마다 경험이 있습니다. 그 경험은 비교 대상이 아닌 나만의 고유한 이야기입니다. 이를 글로 표현하는 것 자체로 가치 있습니다. 자기표현의 중요성과 타인의 비평에 대처하는 방법을 3장에서 다룹니다.

마지막 장에서는 글쓰기가 어떻게 11명 코치의 삶을 변화시켰는지 그들의 입으로 직접 들어봅니다. 라이팅 코치로, 작가로 사는 삶이 주는 행복을 엿볼 수 있습니다.

수영을 잘하려면 수영 코치에게 배웁니다. 피아노를 잘 치려면 피아노 선생님에게 교습받습니다. 그림을 잘 그리려면 화가에게 도움받습니다. 뭐든 잘하려면 기본기가 중요합니다. 글이 잘 안 써지고 어려운 이유 중 하나는 기본기를 배우지 않고 글만 쓰려고 했기 때문입니다. 다행히 여러분은 이 책을 펼친 것만으로도 이미 글쓰기 기본기는 배운 셈입니다. 11명 코치의 삶과 노하우를 고스란히 담았기 때문입니다.

이제 여러분의 시간입니다. 그동안 무심코 지나쳤던 여러분의 소중한 이야기를 듣고 싶습니다. 이 책이 글 쓰는 삶을 시작하는 여러분의 여정에 마중물이면 좋겠습니다. 365페이지 글 쓰는 삶을 응원합니다.

2024년 어느 봄날

정인구

차례

들어가는 글   4

(1장) 내가 글을 못 쓴다는 사실을 알았을 때

김형준	**01** 못 쓴 글이라도 매일 쓰니까 살맛 난다	14
서미소	**02** 인연의 소중함 알아차리기	19
서주운	**03** 돕는다는 마음으로	24
서영식	**04** 경험으로 반복하는 글쓰기	29
이경숙	**05** 단 세 줄만이라도	35
이선희	**06** [산청 소북 한옥 카페] 시작이 두려운 글쓰기	40
이성애	**07** 말을 잘하고 싶었습니다	46
이은설	**08** 초보는 용감했다	51
이현경	**09** 부족한 점 찾는 길 택했다	57
정인구	**10** 그때 왜 그랬어? 계속 쓰지	62
정원희	**11** 나의 글쓰기 여정을 공개합니다	67

2장 도저히 쓰기 힘들다 싶은 날에도

김형준   01 누구에게나 있는 글감을 찾는 마법 주문   72

서미소   02 작은 일에 의미를 부여하자   77

서주운   03 끄적끄적, 글쓰기를 선택합니다   82

서영식   04 어렵고 힘든 일을 해야 하는 이유   86

이경숙   05 유럽 여행 비행기 안에서도   91

이선희   06 걱정마 항상 써 왔으니 결국 쓰게 될 거야!   96

이성애   07 못 말리는 불도저   101

이은설   08 사는 게 꽃 같네   106

이현경   09 평범한 일상의 기록   111

정인구   10 나무에서 배우는 글쓰기   116

정원희   11 빈 페이지와의 싸움 아니고 즐거운 만남   121

3장   누가 내 글을 보고 뭐라고 하면 어쩌나

김형준   01   나를 지켜주는 두 종류의 글쓰기   128

서미소   02   자신만의 색을 드러내자   133

서주운   03   내 글, 내 인생   138

서영식   04   글쓰기 불안과 두려움 이겨내기   143

이경숙   05   뻔뻔하게 쓰기   148

이선희   06   첫 줄 공포 질문으로 시작하자!   153

이성애   07   괜찮아!   159

이은설   08   괜찮다, 부족해도 모자라도 괜찮다   163

이현경   09   15년 전 나에게 말을 걸다   168

정인구   10   무소의 뿔처럼, 사막의 낙타처럼   173

정원희   11   한 명의 독자를 위해 쓴다   178

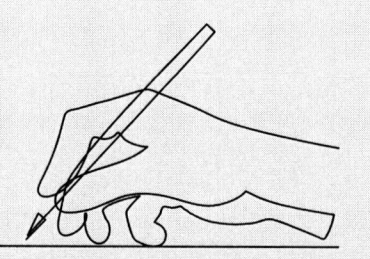

(4장) 행복해서 좋았다, 작가가 되길 잘했다

김형준	<u>01</u> 더 나은 세상을 꿈꾸는 나는, 작가입니다	184
서미소	<u>02</u> 우선순위 정하자	189
서주운	<u>03</u> 행복한 삶, 작가 인생	193
서영식	<u>04</u> 인생, 멋지게 만드는 법	198
이경숙	<u>05</u> 그래서 행복하다. 작가라서	203
이선희	<u>06</u> 나는 작가다	208
이성애	<u>07</u> 사진이 책이 된다고?	214
이은설	<u>08</u> '덤벼라'보다 '웃어라'	219
이현경	<u>09</u> 글을 쓰고 좋아진 점	224
정인구	<u>10</u> 매일 쓰고 쓴 대로 살아가는 기쁨	229
정원희	<u>11</u> 여행하는 술샘, 작가가 되었습니다	234

마치는 글   239

1장

내가 글을 못 쓴다는
사실을 알았을 때

못 쓴 글이라도 매일 쓰니까 살맛 난다

김형준

비염이 심할 때 항생제를 처방해 줍니다. 항생제는 비염을 빨리 낫게 하지만 변비가 생길 수 있습니다. 같은 약봉지에 유산균을 함께 처방해 주는 이유입니다. 항생제로 인한 부작용을 최소화하기 위해서죠. 의사는 다양한 증상에 이런 방식으로 약을 지어줍니다. 만에 하나 생길 상황을 미리 예방하려고요. 우리 인생에도 항생제와 함께 처방하는 유산균 같은 존재가 있다면 어떨까요? 항생제를 먹는 동안 유산균이 내 몸을 지켜주듯 사는 게 힘들고 내일이 불투명할 때 믿는 구석 하나 있으면 그나마 덜 막막할 테니까요.

여러 해 동안 병을 달고 살았습니다. 몸이 아픈 게 아니라 마음이 아팠습니다. 인생이 내 뜻대로 되지 않았던 때였습니다. 구직활동 두 달 만에 입사한 회사는 6개월 만에 폐업했습니다. 이전 직장보다 연봉을 20퍼센트 더 받고 이직한 회사에서는 13개월 동안 월급을 받지 못했습니다. 1년 넘게 공들여 입사한 대형 건설사에서는 상사의 성격을 견디지 못하고 두 달 만에 도망쳤습니다. 이런저런 이유로 아홉 번 이직했습니다. 그러는 동안 내가 나를 믿지 못하게 됐습니다. 나는 해도 안 되는 인간, 할 줄 아는 게 없는 남편, 능력이 부족한 직장인, 무뚝뚝하고 화만 내는 불친절한 아빠였습니다. 거기에 수천만 원의 빚까지 지며 결국 개인회생까지 갔습니다. 마흔이 넘어서까지 이렇다 할 진로를 정하지 못했습니다. 직장에서 버티다 보면 무슨 수가 날 거라고 막연히 기대했습니다. 희망이 없는 날을 보냈습니다. 빛이 들지 않는 지하 골방에서 살았습니다. 누구에게도 도와 달라고 말하지 않았습니다. 기껏 술자리에서 넋두리나 늘어놓는 게 전부였습니다. 늘어나는 건 걱정과 주량, 뱃살뿐이었습니다. 무기력한 날을 보냈습니다.

마흔셋, 무턱대고 글을 쓰기 시작했습니다. 기대 없이 읽은 책에서 글을 써 보라고 알려줬습니다. 밑져야 본전이라는 마음으로 썼습니다. 글짓기는 초등학교 때 쓴 일기가 마지막이었습니다. 고등학교 때 공부를 잘했다면 논술을 준비하며 글을 썼겠지만, 다행히 ⑺ 공부를 못해 그마저도 경험해 보지 못했습니다. 직장에서는 기안서나 공문 작성이 전부였습니다. 그나마 이제까지 가장 많이 쓴 게 자기소개서입니다. 잘 썼다면 아홉 번 이직할 일도 없었을 겁니다. 아홉 번 입사하는 동안 셀 수 없이 많은 입사지원서를 썼습니다. 자기소개서를 수없이 썼지만, 그저 그랬는지 면접 보러 오라는 연락은 몇 번 안 됐습니다. 저를 알아보지 못하는 회사를 원망할 게 아니라 글솜씨를 탓했어야 했던 거죠. 미리 알았더라면 글 쓰는 방법을 배웠을 텐데 말입니다. 그랬던 제가 글다운 글을 써 보겠다고 달려들었습니다. 무턱대고 시작했듯 별 기대 안 했습니다. 원래부터 나에 대한 기대가 없었으니 오히려 부담이 덜했습니다. 가벼운 마음으로 매일 써나갔습니다.

구제 불능 김형준, 늘 이름 앞에 달고 살았습니다. 사람은 변할 수 없다고 믿었습니다. 변화할 방법도 모르고 의지도 없었습니다. 좌절에 익숙해져 극복할 방법을 찾지 않았습니다. 실패 뒤에 따라오는 건 또 다른 실패였습니다. 글쓰기도 마찬가지였습니다. 쓰면 쓸수록 비교됐고, 그럴수록 자신감도 떨어졌습니다. 글다운 글을 쓰는지 의심이 들었습니다. 내 글에 대한 냉정한 평가를 받아보고 싶었습니다. 그럴 만한 사람도 없었고, 있다고 해도 어디까지 신뢰해야 할지 모를 일입니다. 한편으로 상대방의 평가를 있는 그대로 받아들일 정신력이 부족했습니다. 그때 만약 누군가에게 내 글을 평가받았다면 아마 자신감이 더 떨어졌을지도 모릅니다. 여담이지만 글을 쓴 지 7년째이지만 어쩌다 받는 피드백에도 손발이 떨리고 식은땀이 날 지경입니다. 반대로 평가를 받지 않는 대신 스스로 공부하면서 꾸준히 써왔습니다. 피드백을 두려워해 글을 안 쓸 수는 없을 테니까요. 그래서인지 늘 마음 한편에 내 글에 자신감이 없었습니다. 매일 쓴 글을 사람들에게 보여주지만, 만족스러운 글은 별로 없었습니다. 그저 매일 쓰면 조금씩 잘 쓰게 될 거라고 막연한 믿음만 있습니다. 그 믿음으로 7년을 이어왔습니다.

저는 여전히 글을 잘 못 씁니다. 잘 쓰고 싶은 욕심은 있지만, 욕심대로 되지 않았습니다. 그렇다고 아무런 성과가 없지 않았습니다. 못 쓴 글이든 잘 쓴 글이든 매일 쓰니까 사는 맛이 났습니다. 매일 한 편씩 쓰겠다는 나와의 약속을 지켰습니다. 약속을 지킨 덕분에 매일 성취감을 맛봤습니다. 구제 불능일 땐 느껴보지 못했던 건 감정입니다. 성취감은 자존감도 높였습니다. 구제 불능에서 '구제 가능'이 되었습니다. 글을 쓰기 전에도 주변 사람에게 존재감(?)은 있었습니다. 할 줄 아는 게 없는 사람, 무뚝뚝한 남편, 화만 내는 아빠로 존재했었습니다. 지금은 조금 다르게 자리매김 중입니다. 배운 걸 나누는 사람, 할 줄 아는 게 늘어난 직장인, 대화가 많아진 남편, 화 안 내고 덜 무뚝뚝한 아빠가 되었습니다. 이전과 반대의 삶을 살게 된 거죠. 아니 계속 노력해 가는 중입니다. 7년을 써왔고 앞으로도 계속 쓸 것입니다. 어쩌면 살아온 만큼 살아야 할 수 있습니다. 이왕 사는 거 원하는 모습으로 살면 더 좋지 않을까요? 글은 잘 못 쓰지만, 꾸준히 쓴 덕분에 살맛 나는 인생을 사는 중입니다.

아픈 곳을 빨리 치료하기 위해 독한 약을 쓰기도 합니다. 독한 약은 아픈 곳을 낫게 하지만 건강했던 곳에도 영향을 미칩니다. 이를 예방하려고 또 다른 약을 함께 쓰는 게 처방 원칙입니다. 살다 보면 내 뜻대로 되지 않을 때 있습니다. 자신의 실수로, 원치 않는 이유로 좌절과 실패를 경험합니다. 그럴 때 치료가 필요합니다. 가족의 보살핌, 주변 사람의 지지와 응원, 그리고 무엇보다 스스로 지킬 방법도 있었으면 좋겠습니다. 제가 글쓰기를 통해 구제 가능 인간이 된 것처럼 말이죠. 글쓰기가 아니어도 좋습니다. 매일 꾸준히 해내는 그 무언가가 성취감을 주고 자존감도 높여줄 것입니다.

성취감, 자존감, 타인이 대신 줄 수 없습니다. 또 필요할 때 돈 주고 살 수도 없고요. 남들보다 탁월해야 성취감을 맛보는 건 아닙니다. 자존감도 마찬가지고요. 남들의 기준이 아닌 스스로 매일 조금씩 노력하며 나아지는 과정에서 느끼게 될 것입니다. 남들보다 잘나서 살맛 나는 게 아니라, 잘 살려고 노력하는 덕분에 인생이 살맛 나는 게 아닐까요?

인연의 소중함 알아차리기

─────────────────────────── 서미소

노산이라는 꼬리표가 붙었다. 마흔에 첫째를, 2년 뒤 둘째를 낳았다. 딸과 아들이다. 자식을 잘 키우고 싶은 건 모든 부모의 바람이다. 나를 선택한 아이들에게 엄마 역할을 잘하고 싶었다. 아무것도 모른 채 엄마가 되었다. 친구보다 결혼도 출산도 늦었다. 정보를 얻을 수 있는 곳은 인터넷이나 육아 도서뿐이었다.

딸 스트레칭으로 하루를 시작했다. 쌀을 갈아 당근과 소고기를 다져 넣은 이유식을 만든다. 일주일 분량을 락앤락 통에 담아 냉동실에 보관해 둔다. 책 읽어주기, 노래 들려주기, 장난감으로 놀아주기, 눈 마주치기가 일상이다. 매일 청소해야 마음이 편했다. 손수건도 직접 삶았다. 식기로 사용하는 도자기의 멋스러움과 묵직함이 좋았다. 출산 후 설거지할 때, 손목에 무리가 왔다. 세끼 밥을 챙겨 먹는 건 임신 중에는 가능한 일이었다. 출산 후엔 초콜릿이 비상 양식이다. 밥을 제때 챙기지 못하다 보니 모유도 충분하

지 않았다. 딸은 칭얼대고 깊은 잠을 이루지 못했다.

이명 현상이 찾아왔다. 약을 선호하지 않아 지압법을 검색했다. 첫째, 귀 전체 꾹꾹 눌러주기. 방법은 이렇다. 엄지 검지로 귀 전체를 감싸 눌러 준다. 그 후 귀를 상하좌우로 잡았다 당겼다, 하면 혈 자리가 자극된다. 귓불 뒤 파인 지점을 지압하면 기혈 순환에 효과가 있다. 둘째, 관자놀이 눌러주기. 양쪽 관자놀이를 눌러주면 두통에도 좋다. 셋째, 얼굴 주변과 목을 지압해 주기. 귀 뒤부터 목, 쇄골까지 이어지는 부분, 턱에서 귀밑까지 이어지는 턱 아랫부분을 지압해 준다. 맨손 지압법은 장소에 구애되지 않고 할 수 있어 간편하면서도 효과가 좋다. 이명 현상은 내가 몸을 전혀 챙기지 않는다는 신호로 받아들였다. 모유 수유를 위해 잠을 잘 자야 했다. 육아서와 인터넷 검색을 하면서 '하정훈 수면 교육'을 만났다. 매일 같은 장소에서 재우고 수면 의식을 한다. 9시로 재우는 시간을 정했다. 등을 바닥에 댄 채 하루 있었던 일을 이야기해 주거나, 책 읽어주기 같은 것을 반복해 준다. 잠을 재우기 전에 일정한 패턴을 만드는 게 목표다. 내 품에 안겨 잠들었던 딸은 바닥에 내려놓자 울기 시작했다. 바닥이 익숙하지 않아서였던 거 같다. 2시간 동안 우는 날도 있었다. 아이 우는 소리에 엄마들은 마음이 흔들려 포기한다고 했다. 이게 잘하고 있는 건가 싶었다. 마음이 약해져 무너질까 봐 시간 체크하며 밖에 나갔다 들어오기를 여러 번 반복했다. 다음날도 그다음 날도 아이가 울어댔지만 우는 시간이 조금씩 줄어들었다. 확신은 나를 지속하게 해주었다. 엄마라는 단어가 주는 힘이다. 주변에서 나를 독하다고 했다. 그들에게 나는 대답했다. 조금만 참으면 아이도 엄마도 편안해진다고 믿어 보라고 확신했다. 그 결과 10분 안에 잠이 들었고, 새벽에 깨는 일이 줄었다. 깨더라도 스스로 잠들었다. 2주 만에 얻은 긍정적 변화였다. 뿌듯했다. 믿고 기다려 준 가족에게도 고마웠다. 첫째인 딸은 네 살에, 둘째인 아들에게는 100일 전에 시작했다. 쉬운 일이었다. 습관을 바꾸니 나만의 시간이 주어졌다. 나를 위해 뭔가를 하고 싶다는 욕심도 생겼다. 육아의 어려움을 넘을 수 있었던 수면법처럼 나를 변화시켜 줄 또 다른 인연이 필요했다.

딸과 함께 유치원에 다니는 아이 엄마에게서 전화가 왔다. "엄마와 함께하는 슬로우 리딩 수업 마감은 됐지만 담당자에게 전화해서 부탁해봐요." 바로 전화를 걸었다. 접수가 끝난 상태라서 담당 직원이 머뭇거리며 접수해 주었다. 엄마들 포함해서 열두 명이었다. 아이들은 7~9세였다. 『만복이네 떡집』 시리즈로 수업이 진행되었다. 돌아가면서 반 페이지씩 읽었다. 아이들은 떠듬떠듬 자신만의 속도로 글을 읽었다. 우리 아이가 이해하고 있는지 의문도 들었다. 질문에 답하고 이야기 나누는 걸 보니 다들 이해하고 있었다. 대견해 보였다. 아들은 5세, 참여하는 데 의미를 두었다. 의자에 앉은 채 잠든 날도 있다. 그럼에도 분위기를 느끼게 하고 싶었다. 한 아이는 구연동화를 하듯 읽었다. 담임 선생님 영향이라 했다. 강사가 엄마들에게 A4 종이를 한 장씩 주면서 자신을 소개하고, 강사에게 바라는 글을 적어보라고 하였다. 나는 평소에 글 쓸일이 없었다. 글이라고는 기껏해야 간단한 메모를 쓰는 정도에 불과했다. 흰 종이에 내 생각과 감정을 글로 표현해야 했으나 첫 문장을 어떻게 시작해야 할지 몰라 막막했다. 부담스러웠다. 독서와 글쓰기가 무관한 것이 아니었다. 내가 글을 못 쓴다는 사실을 비로소 알게 되었다. 슬로우 리딩 수업을 통해 아이들과 내가 함께 성장하는 기회로 만들어야겠다고 생각했다.

인생에서 만남은 소중하다. 책을 읽게 해준 만남, 그 계기는 슬로우 리딩 수업이었다. 강사는 초등학교 3학년, 6학년 딸을 둔 엄마였다. 두 딸과 책 읽고 이야기 나누며 딸이 추천해 준 도서도 읽는다고 했다. 독서록도 쓰라고 했다. 읽기만 하면 책에 대한 오래지 않아 기억이 사라져버리지만 기록을 남기면 자신의 생각을 정리할 수 있다고 했다. 읽은 날짜, 제목, 지은이와 내용이 빼곡하게 써진 노트를 보여주었다. "아, 대단하다." 모든 엄마가 감탄했다. 글씨도 깔끔하고 예뻤다. 독서를 즐기는 사람이라 생각했다. 5년 전에는 두 아이를 학교에 보낸 후 화투 치러 다니는 게 낙이었으나 우연한 인연으로 제2의 삶을 살게 되었다고 하였다. 배우고 성장하게 된 계기가 공부 모임이었다. 받아들일 준비가 되었기에 변화에 순응했을 것이다. 나도 책 읽고 성장하고 싶은 간절함이 있었다. 그 간절함 덕분에 수업에 열심히 참여했고 좋은 인연도 만났다.

초등시기에 스스로 책을 읽는다는 것은 쉽지 않다. 환경이나 습관을 만들어 주는 건 엄마 역할이다. 아이들과 대화를 나눌 때도 엄마의 배경지식이 필수적이고 아이의 생각 확장을 도우려면 엄마의 노력이 필요하다. 『엄마 반성문』 책에 코칭이라는 단어와 함께 "너와 내가 같이 가자, 내가 너와 함께할게."라는 수평적 파트너십을 강조하는 문구가 나온다. 나는 제목, 지은이, 좋은 문구 몇 줄을 노트에 적고 블로그에도 올렸다. 이것은 블로그에 올린 첫 번째 책이자 독서 시작의 시발점이 되었다.

강사는 『기억전달자』 청소년 책을 추천해 주었다. 읽기가 쉽지 않았다. 깊은 생각을 하게 만들었다. 학생들 수준이 높다는 생각도 들었다. 읽은 책을 함께 나눌 사람이 있다는 게 감사했다. 새로운 경험들이었다. 읽어야 할 책은 끝이 없었다. 나를 든든하게 지켜봐 주었기에 꾸준하게 읽을 수 있었다. 아이에게 읽어주는 책도 나를 위한 거라고 생각을 바꾸니 책 읽어주는 게 재미로 바뀌었다. 도서관 대출은 2주 반납 기한이 있다. 정해진 시간 덕에 느슨한 습관을 고칠 수 있었다. 소장 가치가 있는 책은 빌리지 않고 사서 읽었다. 블로그에 올라가는 책이 쌓여갈수록 세상을 보는 눈도 조금씩 달라지는 것 같다. 독서의 힘이다.

인생에서 누군가를 만나 내가 변화하게 되면 행복은 배가 된다. 학생에게 있어서 선생님의 역할은 중요하다. 선생님은 아이들의 인생을, 아이들의 미래를 결정짓는다고 해도 과언이 아니다. 어른인 경우는 생각이 같고 힘을 실어주는 관계가 필요하다. 글쓰기를 만났다는 게 감사하다. 독서와 글쓰기는 육아 중 얻은 최고의 선물이요, 축복이다. 배우려는 이에게는 삶의 모든 것이 스승이다.

───────────────── (03) ─────────────────

돕는다는 마음으로

───────────────────────────────────── 서주운

　1.5매 분량 채우는 게 힘들었습니다. 무엇을 써야 할지 막막했습니다. 남들은 잘 쓰는 것 같은데 나는 왜 이렇게 안 써질까? 노트북을 켜 놓고 한글 창을 띄웠습니다. 커서만 깜박깜박. 머릿속은 복잡하고 손은 나 몰라라 움직일 생각을 안 합니다. 3을 가리키고 있던 큰 시곗바늘이 어느새 7을 향하고 있습니다. 의자에서 일어나 숨을 크게 들이마시고 내쉬었습니다. 몸을 살짝 움직여 보기도 했습니다. 책장에 꽂혀있는 메모장이 눈에 들어왔습니다. 공부하면서 적어놓은 노트입니다. 쭉 훑어보았습니다. 내용과 정보는 많았지만, 글감으로 이거다 싶은 게 없었습니다. 일기장을 보았습니다. 읽는 내내 피식 웃음이 났습니다. 내가 그때 그랬구나, 이런 일도 있었네. 한참 과거 여행을 했습니다. 일기장을 책장 그 자리에 그대로 꽂아두고 다시 노트북 앞 책상 의자에 앉았습니다. 핸드폰 알람이 울렸습니다. 4시입니다. 벌써 시간이 이렇게 됐나? 유치원에 간 막내딸이 돌아오는 시간입니다. 노트북을 그대로 닫았습니다.

글 쓰는 게 만만치 않았습니다. 내가 이렇게 글을 못 쓰는 사람일 줄이야. 글을 쓰면서 그 사실을 알게 되었습니다. 글을 잘 쓰고 싶다는 사람 많습니다. 나 역시 그렇습니다. 글을 잘 써서 책도 내고 작가도 되고 싶었습니다. 글쓰기 공부를 하는 자이언트 북 컨설팅에서 공저 진행을 하고 있습니다. 벌써 10기 모집입니다. 처음으로 공저를 신청했습니다. 공저 참여자로 선정되었다는 회신을 받고 뛸 듯이 기뻤습니다. 그 기쁨도 잠시, 주제와 목차를 받고는 난감했습니다. 도무지 무엇을 어떻게 써야 할지 몰랐습니다. 주어진 주제에 맞는 글감이 툭 하고 나타나리라 생각했었습니다. 그렇지 않더군요. 개인 저서도 아니고 열 명 작가가 함께 쓰는 공저이니 네 꼭지 금방 쓸 줄 알았습니다. 1.5매 뚝딱 채울 수 있을 거라고 쉽게 생각했습니다. 여전히 백지의 공포로 힘든 시간을 보냈습니다.

학창 시절에 글짓기상을 많이 받았습니다. 5월 가정의 달, 부모님께 편지쓰기 대회에서도 선정되어 학교신문에 기재 된 경험 있습니다. 가끔 아는 동생이 "언니 딱 맞는 문구 좀 생각해 줘 봐요." 하며 부탁도 자주 했고 써준 글에 만족해 했습니다. 가입한 네이버 카페에 올린 글이나 댓글 반응도 좋았습니다. 잘은 아니더라도 그냥저냥 쓰는 수준이라 생각했었습니다, 착각이었지요. 글쓰기 공부를 하기로 했습니다. 배움 앞에서 겸손함을 알아가는 중입니다. 글을 쓰면서 내가 글을 못 쓴다는 사실을 인정하고 받아들였습니다. 자이언트 북 컨설팅에 입과한 지 4년 차입니다. 2년 동안은 그냥 발만 담가놓고 마음 내킬 때만, 시간 맞을 때만 수업에 참여하곤 했습니다. 글공부보다 다른 데 더 관심이 많았던 때입니다. 3년 차 되는 2023년부터 정규수업을 열심히 듣기 시작했습니다. 매주 목요일 문장 수업도 빠지지 않습니다. 초보 작가님의 초고를 문법에 맞게 맥락에 어울리게 라이브로 보여주는 퇴고 수업입니다. 둘째, 넷째 주 일요일, 한 달에 두 번 진행되는 서평 쓰는 독서모임 '천무'도 참여합니다. 소회의실에서 다른 작가들과 나누는 책 이야기가 풍성합니다.

배워야 합니다. 글도 배우면 달라집니다. 써야 합니다. 글도 쓰면 나아집니다. 운동선수가 운동을 잘하기 위해 코치를 만나 배웁니다. 운동을 매일 연습하면서 운동선수 꿈을 키웁니다. 운전을 잘하고 싶어서 운전학원에 등록하고 코치가 가르쳐 주는 대로 배우고 익힙니다. 매일 조금씩 운전 연습을 해서 면허증을 취득하지요. 요리를 잘하고 싶은 사람들도 요리 선생님께 요리 방법을 배우고 실습합니다. 요리를 자꾸 해보는 경험으로 실력을 높입니다. 글쓰기도 다르지 않습니다. 글씨를 쓴다는 이유로 한글을 안다는 까닭으로 글을 잘 쓸 수 있다는 보장 없습니다. 글도 배워야 합니다. 글을 잘쓰고 싶다면 글쓰기를 가르치는 코치 찾아가 글 쓰는 법을 배우고 공부해야 합니다. 매일 독서를 하고 글 쓰는 연습을 해야 글도 잘쓰게 됩니다. 노래를 많이 들어봐야 노래를 따라 잘 부르듯, 책을 즐겨 읽어야 책을 낼 수 있습니다. 이렇게 글 쓰는 공부를 하면서 얻게 된 지혜가 하나 더 있습니다. 어쩌면 글 잘 쓰는 것보다 더 중요한 것이라 할 수 있겠습니다. 바로 글쓰기 스승이신 이은대 작가님의 강의를 통해 배운 글 쓰는 삶의 가치, 소명인데요. '나의 경험, 나의 이야기가 다른 사람에게 도움이 될 수 있다.'라는 것입니다.

가끔 지인 만나 점심 먹고 커피도 마십니다. 어떻게 지내는지 이야기 나눕니다. 아이의 육아 고민이나 진로에 대해 조언을 구해 옵니다. 올해 여섯 살 유치원생, 5학년 초등학생, 가장 무섭다는 중2, 대학입시를 앞둔 고3까지. 유, 초, 중, 고 다양하게 네 아이를 키우고 있습니다. 유아교육을 전공했던 이론과 네 아이를 키우고 교육했던 경험을 들려줍니다. 나의 이야기가 도움이 된다며 고마워합니다.

공부방을 운영하는 원장님을 만나면 지도하기 힘든 아이나 상담이 어려운 학부모에 대해 방법을 묻습니다. 어린이집 운영했던 원장의 경험, 공부방 프랜차이즈 교육회사 지사장을 했던 경험을 바탕으로 나의 이야기를 들려줍니다. 그렇구나, 하고 고개를 끄덕입니다. 글쓰기도 마찬가지라는 걸 깨닫습니다. 지금까지 살아온 나의 경험, 실패든 성공이든 이겨내고 결국 해낸 나의 인생 이야기가 다른 사람에게 가치 있고 도움이 된다는 사실을.

배우면서 글을 쓰다 보니 한없이 겸손해졌습니다. 글을 쓰면서도 부끄러웠습니다. 이렇게 써도 되나? 자신 없고 형편없는 글에 어딘가에 숨고 싶은 심정이었습니다. 그 마음은 첫 공저를 쓸 때 더했습니다. 주제는 산으로 가고 메시지는 힘이 없었습니다. A4 용지는 한참 채운 듯했는데, 여전히 여백의 미를 고수하고 있었고 머리는 확 굳어 생각이 나질 않았습니다. 쓰는 내내 불안했습니다. 기한 내에 과연 내가 글을 다 쓸 수나 있을까? 다른 작가님한테 피해 안 가게 마무리 지을 수 있을까? 과연 내 글이 독자에게 도움이 될까? 많이 부족하다는 생각했습니다. 하지만, 내가 살아온 인생 이야기가 다른 사람을 도울 수 있다는 말씀에 힘을 낼 수 있었습니다.

내가 글을 못 쓴다는 사실을 알았을 때 부끄러웠지만 받아들이고 인정했습니다. 못 쓰는 글이지만 내가 쓰는 이 글이 단 한 사람이라도 변화하고 성장하는 데 도움이 되었으면 하는 마음이 컸습니다. 글이야 배우고 자꾸 쓰다 보면 잘 쓰게 마련이니까요. 또 못 쓰면 어떻습니까? 쓰는 과정이 즐겁고 내 글이 다른 사람에게 도움이 된다면 그만이지요. 오늘도 돕는다는 마음으로 글 쓰렵니다.

경험으로 반복하는 글쓰기

──────────── 서영식

생각을 표현하는 방법은 다양합니다. 평소에 말을 잘하는 편이 아니었습니다. 머릿속에 빙빙 도는 여러 가지 생각을 간추려서 말하고 싶었습니다. 글을 쓰기 전에는 정리가 잘되지 않았습니다. 하고 싶은 말은 많은데 두서없이 이야기했습니다. 글을 쓰면서 생각이 가다듬어집니다. 하고 싶은 말을 체계적으로 표현할 수 있게 되었습니다.

책 읽기를 좋아합니다. 좋아하는 책을 읽고 있으면 시간 가는 줄 모릅니다. 책을 읽고 나서 도움받을 때가 많았습니다. 업무 관련해서 모르는 부분이나 문제 해결 방법을 찾고 싶을 때 책을 읽었습니다. 도움이 되는 글을 쓰고 싶다고 막연한 꿈을 가졌습니다. 글을 쓰고 책을 출간하고 싶었습니다. 책 쓰기 관련 강의를 열 번 넘게 찾아서 들었습니다. 여전히 무엇을 어떻게 써야 할지 방향을 잡기 어려웠습니다.

2021년 7월 27일 자이언트 책 쓰기 무료특강을 들었습니다. 블로그에서 검색하다가 찾게 되어서 신청했습니다. 예전에 들었던 무료 특강과는 달랐습니다. 책을 쓰지 않더라도 글 쓰는 삶을 살았으면 좋겠다는 말을 들었습니다. 뭔가 마음속에 '쿵' 하는 울림이 왔습니다. 나는 글을 쓰고 싶은가. 책을 출간하고 싶은 것인가. 왜 글을 쓰려고 하는가. 여러 가지 질문이 꼬리에 꼬리를 물고 생겼습니다.

무료특강을 듣고 그날 밤 바로 신청했습니다. 8월부터 책 쓰기 강의를 수강했습니다. 매주 토요일 오전 7시, 수업을 들었습니다. 수업 중에 글을 써야 하는 이유와 쓰는 방법에 대해 배웠습니다. 막상 글을 쓰려고 하면 힘들었습니다. 머릿속 원숭이가 말을 합니다. '네가 무슨 글을 쓰려고 하냐. 머리 아픈데. 그냥 쓰지 말고 편하게 살아.' 글을 쓰려는 마음이 있어도 머릿속 원숭이 말이 더 잘 들렸습니다. 글은 한 줄도 쓰지 않았습니다. 써야 한다는 마음의 부담만 커지고 있었습니다. 대신 수업은 빠지지 않았습니다. 글쓰기보다 인생을 살아가는 태도에 대해 배우고 만족하고 있었습니다.

기회는 소리 없이 찾아옵니다. 수업을 듣던 중에 공저를 모집한다는 말을 들었습니다. 무엇에 홀린 듯 신청을 했습니다. '내가 신청한다고 될까. 수업만 열심히 듣지, 글은 한 줄도 쓰지 않았는데.'라고 생각했습니다. 공저 모집에 참여하게 되었다는 문자를 받았습니다. 걱정이 태산이었습니다. 글을 써서 책을 낼 수 있을까. 과연 할 수 있을까.

책 주제를 받았습니다. 처음으로 책 출간을 위한 글을 쓰기 시작했습니다. 어려웠습니다. 하루에 한 줄 쓰기도 쉽지 않았습니다. 책의 제목은 『글쓰기를 시작합니다』였습니다. 한 줄도 글을 쓰지 않았던 나에게 딱 맞는 제목이었지만 시작하기가 쉽지 않았습니다. 무엇을 어떻게 써야 할지 막막했습니다. 회사에서 보고서를 쓰라고 하면 그냥 뚝딱 만들어 낼 수 있습니다. 직장생활 경험으로 보고서를 많이 썼기 때문입니다. 일상 글은 쓴 경험이 없어서 쓰기가 어려웠습니다. 수업 시간에 배운 여러 가지 기술(?)을 활용했습니다. 일단 메모했습니다. 하고 싶은 말이 무엇인지 찾기 위해 노력했습니다. 나의 경험에 관한 내용도 계속 기억해서 찾으려고 했습니다. 글을 쓰려고 하는 사람이 한 줄도 쓰지 못한다는 사실에 좌절하기도 했습니다.

왜 공저에 참여한다고 했을까. 힘들었습니다. 혼자서 온갖 생각을 했습니다. 다섯 개의 꼭지가 있는 초고를 닷새 만에 제출해야 했습니다. 매일 한 꼭지씩 쓰려고 했습니다. 주말에는 종일 글을 썼습니다. 출장을 가는 기차 안에서도 글을 썼습니다. 공저는 함께하는 아홉 명의 작가가 있고 기한이 정해져 있습니다. 피해를 주면 안 된다는 생각에 머리를 뜯어가며 글을 써서 제출했습니다. 초고를 내고 나서 글을 쓰지 못하는 사람은 아니었구나, 하고 느꼈습니다. 사람은 어떤 상황에 닥치면 일을 해내게 됩니다. 직장에서도 비슷한 경험을 해봤습니다. 퇴근하기 전, 업무 지시를 받으면 도저히 못 한다고 생각하지만 어떤 방식으로든 결과물을 만들어 냈습니다.

글을 쓰면서 마음속에 담아 두었던 이야기를 꺼낼 수 있었습니다. 평소에 무슨 생각을 하는지 알 수 있었습니다. 생각을 확인하는 경험은 나에 대해 더 잘 들여다보는 시간이었습니다. 함께 참여한 공저 작가의 이야기도 읽을 수 있었습니다. 글을 쓰면서 함께하는 작가들의 응원도 많은 힘이 되었습니다. 단톡방에서 매일 인사를 합니다. '오늘도 한 줄이라도 써 봐요.'라고 매일 응원해 준 팀장, 김경란 작가는 파이팅이 넘쳤습니다. 그전엔 몰랐던 응원과 격려의 문자에 저도 힘이 났습니다. 초고를 쓰는 중에 불시에 중간 점검이 있었습니다. 매일 한 꼭지씩 쓰고 있었습니다. 갑자기 3일째 되던 날, 중간 결과물을 확인한다고 했습니다. 중간 점검인데도 한 명도 빠지지 않고 초고를 올렸습니다.

　책을 써서 작가가 아니라 글을 쓰면 작가라는 말을 되새겼습니다. 글을 쓴다는 것은 내 안에 있는 이야기를 꺼내는 일입니다. 평소에 말을 하는 것과 글쓰기는 다른 점이 있습니다. 말은 생각나는 대로 그냥 하면 되지만, 글은 생각을 정리해야 합니다.

　우여곡절 끝에 초고를 제출하고 1차 퇴고를 진행했습니다. 퇴고의 사전적 의미는 "글을 지을 때 여러 번 고치고 다듬는다."라는 뜻입니다. 당나라의 시인 '가도'가 시를 쓰고 나서 고민하고 있었습니다. 마지막 문구를 스님이 달 아래에 문을 '민다'라고 할지 '두드린다'라고 할지 궁리하다가 고관의 행차와 부딪혔습니다. 당시 대문장가였던 고관인 '한유'가 시인의 말을 듣고 '두드린다'가 좋겠다고 이야기를 했다고 합니다. 거기서 유래가 된 말이 퇴고입니다. 퇴고(推敲)의 한자 뜻을 풀이하면 민다는 뜻의 '퇴'와 두드린다는 뜻의 '고'가 됩니다. 처음 하는 퇴고도 쉽지 않았습니다. 써놓은 글은 고칠 곳이 많아 보였습니다. 문제는 어디서부터 어떻게 손을 대야 할지 난감했습니다. 한 줄씩 소리 내어 읽으면서 문장을 다듬었습니다. 어색한 문장이나 말의 앞뒤가 맞지 않는 내용을 수정했습니다. 글을 쓰는 과정도 쉽지 않았지만 고치는 과정도 만만치 않았습니다. 1차 퇴고를 끝내고 나서 2차 퇴고도 진행했습니다. 1차 퇴고가 전반적인 내용을 수정했다면 2차 퇴고는 독자에게 말하고 싶은 메시지를 수정했습니다.

마지막은 짝꿍을 정해서 서로 읽어보고 고칠 내용을 알려줬습니다. 미처 확인하지 못했던 내용이나 문법에 안 맞는 내용을 수정했습니다. 공저 시작은 6월부터 했고 12월에 출간했습니다. 책을 출간하기 위해 글을 썼던 시간이 힘들었지만 즐거운 추억도 많았습니다. 글 쓰는 자신감이 붙었습니다. 함께했던 공저 작가들과도 친해졌습니다. 일상의 이야기를 공유하면서 힘든 일이 있을 때 격려했습니다. 좋은 일이 있으면 함께 기뻐했습니다. 든든한 응원 부대가 생긴 기분이 들었습니다. 매일 글을 써야 한다는 생각을 할 수 있었습니다. 달팽이가 조금씩 움직이듯 앞으로 나아가는 느낌이었습니다.

글쓰기가 어려운 이유는 무엇을 쓸지 어떻게 써야 할지 모르기 때문입니다. 누구나 자신의 이야기를 글로 쓸 수 있습니다. 매일 한 줄이라도 나의 이야기를 남기면 됩니다. 살아가는 방법은 다양합니다. 똑같은 사람은 한 명도 없습니다. 어떤 일의 두려움을 없애는 방법은 그 일을 하면 됩니다. 심리 치료 방법 중에 무서움을 극복하는 방법은 그 일을 계속하는 것입니다. 저도 처음엔 글을 쓰는 일이 힘들게만 느껴졌습니다. 매일 쓰고 있는 지금은 양치질하거나 밥 먹는 것처럼 일상이 되었습니다. 글을 쓰면 좋은 점이 많습니다. 마음 상태를 알 수 있습니다. 자신을 돌아보게 됩니다.

글쓰기가 어려울 땐 독서도 도움이 됩니다. 독서를 통해 나의 지식과 경험의 범위를 넓힐 수 있습니다. 글을 쓰고 달라진 삶을 살고 있습니다. 제가 경험한 글쓰기를 통해 풍요롭고 입체적으로 사는 방법을 알려주고 싶습니다.

단 세 줄만이라도

이경숙

며칠 전 블로그에서 어떤 글을 읽었다. 전에 내가 진행한 글쓰기 특강에 참여했던 사람의 글이다. 좋았다. 읽기도 편안하고 논리도 정연했다. 단정하게 빗은 머리칼처럼 가지런했다. 나는 작년 6월부터 매월 글쓰기 특강을 진행한다. 특강 끝날 무렵에 그 시간에 알려줬던 글쓰기 형식으로 글을 쓰는 시간을 갖는다. 글을 쓰기 전에 쓰고자 하는 내용에 관해 간단하게 이야기 나눈다. 5분 정도 쓸 시간을 준다. 주로 어제 있었던 일을 글로 써보라고 한다. 글은 메시지가 생명이라는 말도 해준다. 설명 후 직접 써보는 시간에 쓴 그 사람의 글은 맥락이 잘 통하지 않았다. 메시지가 없어 약간 어색했다. 특강 중에 대화 나눌 때 그는 가끔 시를 쓴다고 했었다. 시를 쓰는 사람인데도 '메시지가 없게 썼구나, 생각했다. 에세이에 익숙하지 않아서일까?' 하고 생각하며 잊어버렸다. 그랬던 사람의 글이 몰라볼 정도로 좋아졌다. 여느 매체에 실린 칼럼이라고 해도 손색이 없을 정도로. 그 글을 읽는 순간 부끄러웠다. 내가 그날 오전에 썼던 글이 떠올랐기 때문이다. 내 글은 수준이 낮아 보였다. 졸렬하다는 생각도 들었다. 그동안 나는 뭐했을까.

　내가 글을 못 쓴다는 사실을 깨닫게 하는 기회는 많다. 유명 작가의 글보다는 아직 이름 없는 작가의 글을 읽을 때 더욱 그렇다. 유명 작가는 잘 쓰니까 유명하다는 생각에서일 것이다. 아직 무명인 작가인데도 자기 생각을 자유자재로 표현하고 그 생각이 종횡무진하는 글을 읽다 보면 부럽다. 말랑말랑한 반죽을 틀에 넣어 구운 쿠키 같지 않고, 조물조물 만든 자기만의 멋진 쿠키 같아서다. 이럴 때, '나는 왜 사고가 편협할까, 왜 유연하지 못할까.' 생각하게 된다.

　작년에 공저를 같이 썼던 작가 중에 말도 자유롭고 글도 막힘없는 이가 있다. 그의 책을 읽다 보면 슬프고 힘든 상황에서도 어떻게 이런 생각이 떠오를까, 싶은 대목이 많다. 앞에서 말한 블로그 글을 쓴 사람은 생각을 논리적으로 펼친다. 누군가를 설득하는 글을 쓸 썼을 때 읽는 이가 '그래, 맞네.' 하고 생각하게 한다. 후자인 공저 작가는 어떤 사물을 표현할 때 이전에 읽은 적 없는 눈으로 본다. 생각도 통통 튄다. 두 사람에겐 공통점이 있다. 둘 다 모닝 페이지를 쓰며 아티스트 웨이를 즐긴다.

　한동안 나도 아티스트 웨이를 실천했다. 몇 달 동안 해보았다. 그사이 내 글 실력이 좋아졌는지 아닌지는 잘 모르겠다. 아침 일찍 일어나서 세 페이지 채우는 일이 쉽지 않았다. 팔도 아팠다. 아무 생각이 떠오르지 않을 때도 있었다. 짧은 새벽 시간이 금세 지나버렸다. A4 용지 세 장을 위에서 아래로 빽빽하게 채우려니 만만치 않았다. 보름쯤 지나니 꾀가 났다. 세 페이지가 두 페이지로 줄었다. 줄이 없는 A4 용지를 칸이 있는 대학노트로 바꿨다. 그러다가 어느 결엔가 슬그머니 놓아버렸다.

두 사람이 아티스트 웨이를 실천한다는 생각이 들자 갑자기 내가 써두었던 모닝 페이지가 궁금했다. 줄리아 카메론이 쓴 『아티스트 웨이』에 따르면 자신이 쓴 글을 몇 개월 동안 따로 두라고 했다. 아무도 읽지 못하도록 하라고도 했다. 노란 봉투에 넣어 책꽂이 한쪽에 고이 모셔두었다. 일정 기간이 지난 후에는 내가 썼던 글을 읽어보았어야 했는데 아예 읽지 않았다. 아마 읽으면서 못난 나를 마주하게 될까 봐 겁이 났는지도 모르겠다. 그랬던 내가 그 둘의 아티스트 웨이가 떠오르자 그때의 나를 보고 싶었다. 어떤 생각을 했을까, 무슨 고민이 있었을까.

내가 쓴 글이건만 개발새발 쓴 글씨를 해독해 가며 읽으려니 내용은 들어오지도 않았다. 고민도 생각도 글자해독에 쏟아야 하는 에너지 때문에 집중되지 않았다. 들어오지 않는 글을 읽으면서도 한 가지 생각이 분명해졌다. 다른 사람의 글을 탐내는 것보다는 내 글 실력을 높이는 것이 먼저라는. 부러워만 하지 말고 죽이 되든 밥이 되든 쓰기 싫더라도 조금씩이라도 써야 한다는 사실이. 단 세 줄만이라도.

한동안 매일 일기를 썼다. 대학노트 한 페이지가 꽉 차도록. 그 이전에는 다이어리에 하루 한 페이지씩 썼다. 다 쓴 일기가 쌓이는 걸 보기만 해도 뿌듯했다. 새로운 대학노트를 준비하면서 일부러 핑크빛 표지가 있는 색다른 노트로 마련했다. 예쁜 노트여서 더 쓰고 싶은 마음이 생기길 바라며. 언제부터였는지 기억에도 없다. 앞뒤 일기장의 날짜를 맞춰보면 알 수도 있는 일이지만. 처음 마음은 온데간데없어졌다. 그 마음 먹었을 때부터 채웠다면 진작 다 채우고도 남았을 텐데. 그냥 방치했다. 남겨진 빈 종이만큼 내 실력은 뒷걸음질 쳤다. 내가 백지를 채운 만큼 글 실력도 생각도 자랐을 텐데. 요즘에야 남은 페이지들을 매일 채워가고 있다.

그나마 놓지 않고 꾸준히 해오는 일이 있다. 바로 독서 노트 작성하는 일이다. 매일 한 페이지든 몇 줄이든 읽고 나면 독서 노트에 적는다. 느낀 점을 적기도 하고, 글쓰기 선생님께 배운 방법을 적용하기도 한다. 그 방법 중에서 하나를 소개하면, 마음에 드는 문장을 골라 그 문장의 키워드를 적는 것이다. 그 키워드를 모아 새로운 나만의 문장을 만든다. 나만의 문장이 잘 만들어지는 때도 있지만, 아닐 때가 훨씬 많다. 새 문장이 만들어지지 않으면 한두 시간도 그냥 훌쩍 가버린다. 그래도 꾸준히 하고 있다. 읽고 쓰는 것만이 내가 성장하는 방법임을 알기에.

김훈 작가의 『라면을 끓이며』를 읽다 보면 부러운 마음이 들지 않는다. 얼마나 연습하면 그런 문장을 쓸 수 있을까만 생각한다. 위의 두 사람에게서 느끼는 부러운 감정과는 다르다. 생각지 못한 문장을 만나면 한참을 읽어보고 또 읽어본다. 좋은 문장은 옮겨 쓰며 읽게 된다. 강원국 작가의 말이 떠오른다. 2년 전에 자기가 썼던 글을 읽어보니 중학생 글 같았다는. 오랫동안 글쓰기 강의도 하고 책도 여러 권 쓴 작가도 그런 걸 느낀다는 것이 신선했다. 그 말 덕분에 위안도 받았다.

내 글 수준이 낮다는 생각이 들 때 맨 먼저 하는 일이 있다. 독서다. 읽었던 내용 중 마음에 드는 문장을 골라 나만의 문장을 만들어 본다. 어느 날은 잘되고 더 많은 날에는 안된다고 하더라도 꾸준히 한다. 스스로 느끼지 못하더라도 어제보다는 조금씩 나아지고 있다는 마음으로.

두 번째, 메모한다. 독서 중에 만난 신선한 문장도 좋고 늘 다니던 길에 핀 꽃이 눈에 들어와도 좋다. 지나가는 사람의 이야기가 들려도 좋다. 이거다 싶은 것은 메모해 둔다. 내 글감을 채워 둔다.

세 번째, 매일 글을 쓴다. 꼭 한 꼭지를 채우지 못하더라도. 시간이 없어 단 세 줄을 쓰더라도, 10분 만이라도. 매일 쓰겠다는 마음으로 쓰면 된다. 그러다 보면 언젠가는 누군가가 내 글을 부러워하는 때도 오지 않을까 생각해 보며.

[산청 소북 한옥 카페] 시작이 두려운 글쓰기

──────────────────────────── 이선희

지금 하는 일이 싫다고 피하고 미루고 도망치지 말자! 나중에 나의 직업 천직이 될 수 있다. 글 쓰는 일은 인간의 행위 중 겁이 나는 일이다. 2006년에 글쓰기 독서, 공부를 시작했다. 글쓰기 독서 생각보다 어렵다. 금방 배운다고 흉내 낼 수 있는 일 아니다. 글쓰기 독서 선배들과 일주일에 한 번 만나서 토론하고 서울 본회에서 강사 초빙해서 과정을 들었다. 2년간 공부하고 글쓰기 독서 자격증을 받았다. 그런데도 자신이 없었다. 그 시절에는 초등학생들 글짓기 독후감 봐주는 실력으로도 부족했다. 내가 몸담은 단체는, 강사를 성장시키는 곳이다. 회원이 공부하다가 강사도 되고 또 회원이 되어서 여러 과정을 공부할 수 있다.

기라성 같이 오래 경험한 선배들도 힘들어하는 과정이, 글쓰기 독서 강사이다. 창의적인 글쓰기라는 문구로 열심히 활동했다. 내가 쓰는 것이 아니라 초등학생들이나 중학생 글을 쓰도록 도와주

는 일이었다. 어느 날 청주지역사회교육협의회 글쓰기 독서 연구모임에서 선배들이 글쓰기 독서의 힘든 고충을 말했다. 특히 책을 많이 읽어야 하는데 아이들 지도할 때마다 팀이 다르니 여러 권의 책을 읽어야 한다는 고민이다. 선배의 이야기는 바로 내 귀에 꽂혔다. 오래 고민하지 않고 전향했다. '나는 글쓰기 강사로는 맞지 않아. 책을 그렇게 읽어낼 수 없어!' 이런 생각이 나의 가슴 머리를 지배했다. 나는 결국 글쓰기 독서 자격증만 준비해 놓고 다른 강사로 전향한 것이다.

그 이후 나에게 잘 맞는 스피치토론 과정을 열심히 공부했다. 청주에서 두 군데 대전 서울 등 여러 곳에서 공부한 뒤 청주지역 사회교육협의회 스피치 연구모임 회장이 되었다. 매주 화요일에 모였다. 인원은 1기가 네 명이다. 함께 시작한 동료들이 경쟁이 심했다. 매주 모여서 토론하고 계획안을 만들고 나누었다. 친해지지 않았다. 서로 시기하고 질투하고 누가 강의를 더 많이 나가나, 하는 경쟁심리가 심했다. 서로에 대해 이해와 배려가 부족했다. 연구하면서 성장하는 모임을 만들고 싶었다. 그러나 혼자의 생각이었다. 성격상 끈기도 있고 한번 시작하면 멈출 줄 모르는 열정 덕분에 반목과 시기 질투에도 불구하고 나날이 발전했다. 그러나 '함께'라는 단어가 어울리지 않는 사람들의 모임이었다. 결국은 스피치와 토론을 분리하자는 한 사람의 제안 때문에 모임은 해체되었다. 14년간 한 단체에만 속해서 공부하고 강의했다. 욕심부린 사람 덕에 10년 공부 나무아미타불이 되었다.

그 후 나는 글쓰기 독서 쪽은 돌아보지 않았다. 관심은 있었지만 피해 다녔다. 나에게 글을 쓴다는 것, 상당히 어렵고 두려운 이야기였다. 그렇게 글쓰기란 이름에서 멀어지면서 우연한 기회에 최재선이란 사람이 청주대학교 석사과정을 하면서 책을 집필했다는 소문을 들었다. 그 사람을 스피치토론 연구모임에 초빙해서 강의를 듣기로 했다. 교촌치킨에서 일하면서 책을 집필했던 것으로 기억이 된다. 다른 사람이 책을 썼다고 하는데 가슴이 두근거리고 나도 쓰고 싶다는 열망이 간절했다. 그러나 인간은 모호한 것은 피하는 경향이 있나 보다. 머릿속에는 하고 싶은 욕구가 있었는데도 낮에는 강의하고 밤에는 공부하는 생활을 지속하면서 미루었다. 나중에 하면 된다는 생각이었다. 최재선 작가가 책 한 권으로 아침마당에도 초빙되어 나가는 모습을 보면서 부러워만 하며 꿈만 꿨다. 작가가 되고 싶었다. 내가 생각했을 때 자신의 이야기 경험을 주로 쓴 책이었다. 나도 쓸 수 있을 것 같았다. 그때 내 나이가 55살이었다. 만일 그 시절 내가 바로 글쓰기 시작해서 책을 썼다면 지금 나의 모습은 어떻게 변화하고 달라졌는지 알 수 없는 일이었다. 그런 기회가 온 것 같은데, 놓쳤다. 글을 쓰고 책을 내기보다는 차라리 박사과정에 들어가서 공부하기로, 결심했다. 낮에는 강의하고 밤에는 세 과목을 공부하면서 영어 원서에 지쳐가는 자신을 발견했다. 외롭게 공부와 사투를 벌이고 있는 나와 말이다.

그렇게 도망쳤다. 그리고 여러 해가 지났다. 우연한 기회에 자이언트 이경숙 작가님이 해냄 마인드 컴퍼니 K 코칭그룹에 들어와서 함께 공부했다. 작가님의 소개로 자이언트 이은대 작가님 그룹에 들어오게 되었다.

　새 집단에 들어갔다. 두려웠다. 그리고 걱정이 앞섰다. 모두 눈이 반짝거렸고 똑똑해 보이는 집단이다. 한구석도 허투루 보이는 것이 없는 조직 같았다. 한 달에 두 번 하는 독서모임 천무에 들어갔는데 정신이 하나도 없었다. 이은대 작가님 설명 좀 해주더니 바로 독서 노트를 꺼내서 작성하라고 하더니 소모임 방으로 보냈다. 전혀 일면식도 없는 사람과 해 보지 않은 토론을 하란다. 겁이 났다. 자기소개도 똑똑하게 하고 아는 것도 많아 보이는 자이언트 작가들을 만난 첫 순간이다. 그래도 강사 생활 15년 넘게 한 사람인데 이렇게 부족할 수가 없었다. '끼' 하면 이선희인데 사회 보는 것 나서는 것, 누구 못지않게 잘한다고 생각했던 사람이 단 한 방에 무너지는 순간이었다. 이것으로 끝나면 다행인데 바로 들어가 블로그도 쓰란다. 정신이 멍해지는 순간이다. 어리둥절하면서 끝낸 천무 독서 두 시간. 한 마디로 전혀 경험해 보지 않은 신기한 세계였다. 이런 집단에서 어찌 살아남을 것인가? 불안함은 약간의 호기심과 동기를 부여하기 시작했다.

　이후 글을 쓰기 시작했다. 자이언트 처음 들어가서 6가지 질문을 주면서 써오면 목차 준다고 한다. 며칠 고민 끝에 쓰고 지우고 쓰고 지우기를 반복했다. 친정 동생과 싸움까지 했다. 친정 식구들과 청송에 있는 콘도에 놀러 갔다. 낮에는 함께 관광지 순회하며 놀았다. 저녁이다. 동생에게 "종숙아! 내가 쓴 글 한 번만 읽어봐라! 지난번 읽어준 것 말한 대로 고치니 글이 훨씬 더 좋아진 것 같아!"

이렇게 부탁했다. 동생은 기분이 좋지 않은 표정으로 들은 척하지 않았다. 놀러 와서도 노트북 챙겨오는 언니가 미웠던 모양이었다. 서운했다. '언니가 이 나이에 글 좀 쓰겠다고 하는데 좀 봐주지!' 하는 서운함이 한참 동안 내 마음에 속상함으로 남아 있었다.

글쓰기는 그때나 지금이나 여전히 힘들다. 못 쓰는 글로 매일 블로그도 올리고 공저도 집필하고 전자책도 작성하고 있다. 솔직하게 내가 못 쓴다고 생각하니 더 노력하는 심정으로 책도 읽고 글도 쓴다. 예전에는 피했다. 나의 운명에는 글쓰기 책 쓰기 강사는 다시 오지 않을 줄 알았다. 한 치 앞도 모르는 것. 인생이다. 2022년 9월 자이언트에 입과 했다. 글쓰기 공부하다가 2023년 4월 자이언트 글쓰기 코치가 되었다. 매달 두 번 특강을 하고 공저도 집필했다. 이번 책까지 다섯 권 집필이다. 전자책 세 권 공저 다섯 권, 모두 여덟 권이다. 그리고 해냄 마인드컴퍼니 1인기업으로 5060글쓰기 책 쓰기 과정을 돕고 있다.

이번 글을 쓰면서 알아챈 것은 첫 번째, 무섭고 두려운 것도 무조건 해보는 일이 중요하다. 하다 보니 글도 늘었다. 그리고 두려움과 걱정이 줄었다. 두려워하기보다 어떻게 하면 남들과 1% 다른 글을 쓸 수 있을까 고민 중이다. 잘 썼다면 예전에 작가가 되었을 것이다. 부족한 상태로 시작했다. 어휘력도 부족했다. 문장 구성, 기획 등 잘하는 것 없었다. 특히 문법에 약하다. 공부하며 쓰고 있다. 이제 나의 경험으로 다른 사람을 돕는 작가로서 활동 중이다. 처음부터 잘 쓰는 사람 없다. 못 썼다면 고쳐 쓰면 되는 것이다.

쓰고 또 쓰고 반복하다 보면 조금씩 글이 좋아진다. 둘째, 두려움은 시작과 동시에 없어진다. 어떤 일이든 하기 전이 무섭고 두렵다. 하고 나면 별일 아니다. 그것이 삶이며 글쓰기이다. 셋째, 못 쓰는 글 수없이 쓰면서 성장하는 것이다. 처음부터 잘 쓰는 사람 없다. 세상에 완벽은 없다. 준비하고 쓰려면 영원히 쓰지 못한다. 해냄 공저1기 시작할 때 '나 잘 쓸 수 있어요.' 하는 사람 한 명도 없었다. 그런데 지금 10명의 초보 작가가 쓴 글이 책이 되어 출간 중이다. 이제 어디든 내가 노트북 펼치고 쓰는 곳이 집필 장소이다. 오늘 글 쓰는 장소는 산청 밀당 소북 한옥카페이다. 놀러 와서도 시간을 내어 글을 쓴다. 혹시 부족하면 다시 지우고 쓰면 된다. 원고지가 아니니 얼마나 다행인가?

07

말을 잘하고 싶었습니다

이성애

글을 쓰기 전에 말을 잘하는 사람이 되고 싶었습니다. 대학에서 강의하는 교수나 TV에서 강연하는 강사들처럼요. '나도 저렇게 말을 잘하면 얼마나 좋을까.'라며 부러워했습니다. 몇 년 전 교통사고로 얼굴 왼쪽 광대뼈에 금이 갔습니다. 광대뼈를 다친 것이, 말하는 데 지장을 주게 될 줄은 꿈에도 몰랐습니다. 살아있다는 게 다행이었고, 팔다리가 성한 것이 감사한 일이었으니까요.

저는 치매 예방을 위한 음악치료사입니다. 수업하려는데 왼쪽 뺨이 쑥쑥 거리며 마비되는 듯했습니다. 입을 다치지도 않았는데 입 놀리기가 불편했습니다. 말을 하려면 뺨을 비벼주고 얼굴을 실룩거려야 하니 회원들 보기가 민망했습니다. 이런 모습이 흉하기도 하거니와 늘 긴장해야 하니 여간 성가신 게 아니었습니다. 잠시만 방심하면 입 밖으로 침이 흘렀으니까요. 발음도 어눌해졌습니다. 병원에 가보았습니다. 수술한 곳은 별 이상이 없다면서 정 불편하면 치과 쪽에서 구강 검사를 받아보라고 했습니다. 치과 검사를 받았습니다. 광대뼈에 금이 가면서 그 주변 신경들도 같이 다쳤답니다. 상처로 딱딱하게 뭉친 근육을 자주 주물러 주라고 했습니다.

강의를 계속하려면 발음을 교정해야만 했습니다. 거실벽에 발성 연습 문구를 써 붙였습니다. 첫 번째 큰소리로 읽는다. 더, 더 큰 소리로 읽는다. 두 번째 또박또박 읽는다. 꼭꼭 씹어 읽는다. 세 번째 입을 크게 크게 벌린다. 더, 더 크게 크게 벌린다. 네 번째 틈나는 대로 읽는다. 틈내서 읽는다. 다섯 번째 정확하게 읽는다. 될 때까지 읽는다. 이 다섯 가지를 볼펜을 입에 물고 읽었죠. 몸을 폴더폰 접듯이 반으로 접어서도 읽었습니다. 볼펜을 물고 읽을 때는 침이 흘러나와 지저분했습니다. 몸을 반으로 접어 바닥을 보고 읽으니 배에 힘이 들어가서 소리가 잘 나왔습니다. 허리가 아파서 2, 3분 넘기기가 어려웠지만요. 꾸준히 반복하다 보니 치매 강사가 자주 쓰는 전두엽, 두정엽, 측두엽, 시냅스 이런 말들이 꼬이지 않고 나오더라고요. 발음이 좋아지는 것을 느꼈을 때 자신감이 생겼습니다. 조금만 더 연습하면 여느 강사들처럼 수업할 수 있을 것 같았으니까요.

강의가 끝날 무렵이었습니다. 어르신들이 좋아하는 노래를 틀었습니다. 그때 신나는 음악만 나오면 춤을 추시는 어르신이 나오셨습니다. 또 한 분이 나오고 연이어 대여섯 분이 나와 춤을 추니 강의장이 춤마당이 되었습니다. "어머님들, 춤도 추시고 노래도 부르시니 기분이 좋아지셨나요?" 하고 크게 물었습니다. 회원님들 진짜 기분이 좋아지셨나 봐요. 교실이 떠나갈 듯이 "아! 좋고 말고요."라며 얼굴이 환해지셨습니다. 저도 맞장구를 쳤습니다. "맞아요! 맞아. 노래를 부르면 기분이 좋아지게 되어 있습니다. 기분이 좋아지면 도파민이라는 호르몬이 나오거든요. 우리 몸에서 그 도파민이 나오게 하려면 지금처럼 즐기시면 됩니다."라고 해야 하는데 도파민이란 말이 생각나지 않았습니다. 머리에서는 뱅뱅 도는데 입 밖으로 나오지 않는 거예요. 대충 얼버무려 강의를 끝냈습니다. 이게 웬일인가 싶어 강의안을 살펴보았습니다. 발음 문제가 아니었습니다. 도파민이란 뜻을 제대로 알지 못했기 때문이었죠. 일상생활에서 자주 쓰는 말이라 알고 있다고 착각한 것입니다. 도파민에 관해 설명해 놓은 자료나 그림들을 보면서 명확한 뜻을 알았습니다.

이렇게 말에 대해서는 훈련을 통해 어느 정도 자신감을 얻었습니다. 하지만, 글을 쓰는 것은 언제나 두려웠습니다. 글쓰기를 제대로 연습해본 적도 없었고, 맞춤법에도 자신 없었기 때문입니다. 단톡방에 인사말도 '안녕하세요', '반갑습니다'와 같은 간단한 인사 외에는 쓰지 않았습니다. 자기 계발을 시작한 이후 여러 채팅방에서 강연을 듣고 있었습니다. 교육받으면서 후기를 올려달라는 요청을 받게 되었지요. 그때도 '급하게 나가게 돼서 후기를 못써 죄송합니다', '일이 있어 먼저 나갑니다' 등등 최대한 핑계를 대며 후기 올리기를 꺼렸습니다. 강연이 끝나자마자 바로 올린 다른 사람들의 글은 청산유수 같았습니다. 이런 글을 보면 주눅이 들었거든요.

책 읽기를 좋아하여 여러 독서모임 방에 가입되어 있을 때였습니다. 모 단톡방에서 『하루 1 프로』 저자인 이민규 교수를 초청하여 특강을 들었습니다. 강의가 끝나자 후기를 쓰라고 했습니다. 정성 껏 후기를 작성하여 올렸습니다. 남들은 어떻게 썼나 궁금했습니다. 다른 사람의 후기를 하나하나 읽다가 내 글을 다시 봤습니다. 너무나 창피한 댓글이 달려있었습니다. "이성애 씨! '반듯이'가 아니고 '반드시'예요!" '반드시'라고 써야 하는데 '반듯이'라고 잘못 썼나 봅니다. 쥐구멍에라도 숨고 싶었습니다. 작은 실수지만, 창피하고 부끄러워서 얼굴이 화끈거렸습니다. 별의별 생각이 다 들었습니다. '이 방에서 확 나가 버릴까? 괜히 올렸나? 아! 어떡해…' 창피한 마음을 진정시키고 그분에게 답글을 달았습니다. 제가 잘 몰랐습니다. 알려주셔서 감사합니다.라고요. 그 이후 후기를 쓰지 말아야지, 했습니다. 하지만 모임에 참여하면서 후기를 전혀 안 쓰고 지낼 수는 없습니다. 할 수 없이 후기를 써야 할 때면 한글 문서에 글을 먼저 써서 맞춤법 체크를 몇 번씩이나 돌려보았습니다. 이러다 보니 후기의 내용보다도 맞춤법에 신경 쓰게 되었습니다. 후기를 쓰는 일이 고통스러운 일이 되어 버린 것이지요. 사실 처음에는 맞춤법이 틀렸다고 지적해 준 사람이 원망스러웠습니다. 그런 일은 개인 카톡으로 알려주었으면 고마웠을 겁니다. 굳이 남들 다 보는 공개된 곳에 실명까지 거론해야 했었나 하고요. 하지만 지금은 그분 덕분에 '반듯이'와 '반드시'의 차이를 알게 되었기에 감사하고 있습니다. 망신당한 것은 창피한 일이지만 그 일을 통해 맞춤법에 대해서 최대한 신경 쓰게 되었으니까요. 만약 그런 일이 없었다면 지금도 내 생각이 맞겠거니 하고 대충 썼을 겁니다.

내가 맞춤법이 부족하다는 사실을 알았을 때는 부끄러웠습니다.

하지만 그 부끄러움을 견디며 오늘도 멈추지 않고 쓰고 있습니다. 나는 말을 잘하는 사람이 되고 싶거든요. 말을 잘하려면 글도 잘 써야 하니까요.

08

초보는 용감했다

———————————————————————————— 이은설

"쾅, 끼익."

"어 으악." 나도 모르게 소리를 질렀다. 가슴이 쿵 내려앉았다. 정신이 하나도 없었다. 잘 가던 차가 갑자기 전봇대를 들이박았다. 시동을 끄고 운전석 문을 열고 내렸다. 차 앞으로 가 보니 전봇대에 부딪혀서 앞면이 움푹 들어가 있었다. 당황하여 어찌할 바 몰랐다. 숨 크게 한 번 쉬고, 마음을 가다듬었다. 새로 산 지 열흘이 채 되지 않았다. 혼자서 운전하다 처음으로 부딪친 것이다. 전봇대를 박으면서 소리가 크게 났고 그 소리에 잠깐 놀랐을 뿐이었다. 내가 다치지 않은 것도, 주변에 사람들이 없는 것도 그나마 다행이었다. 사람들이 있었다면 차 주위로 모여들었을 것이고 수군거리는 소리에 얼굴을 들지 못했을 것이다. 남편은 차가 나오고 일주일쯤 되었을 때 이미 약간의 흠집을 냈다. 내가 좀 더 세게 부딪치긴 했다. 남편에게는 운전 연습하다가 차를 조금 다쳤다고만 했다. 서로 한 번씩 사고를 내면서 운전 경력이 쌓였다. 요즘은 누군가 운

전 잘하고 싶다고 말을 하면, 몇 번 박으면 된다고 하면서 함께 웃는다.

영해에서 교습소를 운영했다. 처음에는 주인집 할머니의 무거운 호마이카 밥상을 얻어서 시작했다. 서너 명이던 아이들이 차츰 늘어나면서 집을 옮겨야 했다. 이사를 했지만, 집 주변에 아이들이 왔기 때문에 별다른 생각 없이 운영을 계속했다. 주변에 소문이 나고 원생 수가 많아졌다. 비가 오거나 날이 어두울 때 집으로 보내는 것이 걱정되었다. 혹시 가는 도중 다치거나 무슨 일이 있을까 늘 불안했다. 처음에는 아이들이 잘 도착했는지 전화해서 일일이 확인했다. 학부모께 수시로 전화를 드리기도 미안했다. 원생들에 대한 서비스로 작은 차라도 하나 구해야겠다 마음먹었다. 지인의 소개로 지금은 단종된 타우너를 구할 수 있었다. 자줏빛 예쁜 차가 도착했다. 남편이 차를 운전해서 집 근처 있는 여자고등학교 운동장으로 갔다. 지금은 인조 잔디가 깔려 얼씬도 못 하지만, 그때만 해도 흙 운동장이었다. 학생들이 하교한 텅 빈 운동장은 운전 연습하기 안성맞춤이었다. 넓은 곳을 마음대로 휘젓고 다녔다. 우리 집 마당처럼 빙빙 돌며 서너 시간쯤 연습했다. 운전학원에서 면허증을 받은 후 처음으로 한 운전이다. 엑셀 레이더를 밟을 때마다 차가 움직이고 핸들을 돌릴 때마다 방향이 전환되는 것이 재미있었다. 장난감 가지고 노는 것 같았다. 차를 가지고 시골길에서 도로 연수했다. 7번 국도는 차량이 많아 늘 복잡했다. 34번 국도 영해에서 영양으로 가는 길은 왕복 이 차선 도로지만, 비교적 교통량이 적어 한산한 편이다. 초보 운전자가 도로 연수하기 좋은 곳이다. 언덕을 오르다가 시동이 꺼지면 차가 뒤로 미끄러질 것 같은 불안함으로 등에서 진땀이 나기도 했다. 몇 번 연습하다 보니 별것 아니라는 생각이 들었다.

타우너를 떠나보내고 스타렉스를 만나게 되었다. 6인승 타우너에서 12인승 스타렉스를 가지게 되었다. 수업이 없는 날은 어린이 보호용 노란 차에 농업인들을 태우고 교육이 있는 곳까지 수시로 다녔다. 국도에서는 카메라를 피해 속도 조절을 하다가 고속도로에 올라서면 최고 제한속도로 달렸다. 속도위반 딱지를 자주 받았다. 우편함에 속도위반 통지를 보면 얼른 감추어 남편 몰래 납부하기도 했다. 그러다가 남편이 운전할 때 찍힌 것은 당당하게 보여주고 범칙금을 내기도 했다. 서울 와서도 스타렉스 운전 경력 25년인 덕분에 주간 보호센터 근무는 무난히 입사할 수 있었다. 이모는 나에게 차는 움직이는 시한폭탄이라고 말했다. 늘 조심해도 언제 사고가 날지는 아무도 알 수 없는 일이기 때문이다. 늘 조심하고 차분하게 방어 운전하며 사고 없는 것이 운전 잘하는 비결이 아닐까.

대학을 다닐 때 동아백화점에서 여성생활수기를 모집했다. 응모해 보고 싶었다. 도와주신 선생님이 덕분에 장려상을 받을 수 있었다. 결혼 후에도 간혹 라디오 방송에 투고했다. 그때마다 집에서 필요한 다양한 물건을 받는 재미에 푹 빠졌다. 주변 사람들에게 인정받는 느낌이 들기도 했다. KBS2 라디오 코너 〈안녕하세요. 황인용 강부자입니다〉 애청자가 되었다. 어느 날인가 부부 싸움 후, 사과하는 내용의 노래를 개사해서 직접 불러보라고 했다. 노래는 음치지만 개사는 얼른 할 수 있었다. 「푸른 시절」 가사를 개사했다. 진행자가 음은 아니지만, 내용은 좋았다고 한 것이 어렴풋이 기억난다. 전자레인지를 상품으로 받았다. 지금 같으면 꿈도 꿀 수 없었지만, 세상에 무섭고 두려움이 없었던 때였다. 내가 노래를 못 부른다는 사실보다 더 중요한 것은 개사한 것, 전하고 싶은 마음이 컸다. 잘하고 못하는 것은 생각하지 않았다. 무조건 참여했다. 참여하다 보니 당선되는 행운도 안게 되었다. 나는 노래를 못 부르는데, 하고 참여하지 않았다면 아직도 후회하고 있을지 모를 일이다.

글쓰기를 배우지 않았을 때. 방송국에 무조건 응모할 수 있었던 것은 두려움이 없었기 때문에 가능했다. 운전을 배우듯, 글도 그냥 쓰면 되는 줄 알았다. 글씨만 알면 누구든지 쓸 수 있는 것이 글이라고 생각했기 때문이다. 엄마는 내가 어릴 때, 마루에 메모를 두고 밭에 일하러 갔다. 달력 뒷면에 연필로 쓴 글씨를 보면 엄마가 집에 있는 것처럼 느껴졌다. 초등학교 4학년 때 시골에는 벽시계가 흔하지 않았다. 집 그림자가 마당에 있는 바위까지 오면 밥을 하라고 부탁했다. 엄마가 없는 쓸쓸함과 저녁을 해야 하는 부담보다 엄마의 메모를 만나는 것이 더 즐거웠다. 엄마가 쓴 메모를 보면서 글쓰기가 어렵지 않다고 생각했다. 그냥 하고 싶은 말을 하면 되는 줄 알았다. 마음속에 하고 싶은 말이 있을 때, 울분이 가득할 때 종이에 쓰는 것이 글쓰기라고 생각했다. 친구들에게 하고 싶은 말, 부모님께 이야기하지 못하는 것을 연습장에 쓰다 보면 속이 후련해졌다. 나에게 글쓰기는 세상 무엇보다 만만했다. 내 마음대로 쓰면 되는 것이었기 때문이다. 언제부턴가 글쓰기가 답답해졌다. 내가 하고 싶은 말은 어느 구석에 깊숙이 박혔는지 않았다. 쓰면 쓸수록 내 마음을 표현하고 전하는 것이 어렵고 힘이 든다는 것을 느꼈다. 차라리 글자를 몰랐으면 좋겠다는 마음이 들 정도였다. 아무것도 모르고 시작하고 덤빌 때 오히려 용감했다는 생각이 든다. 내가 글을 못 쓴다는 것을 확실히 알게 되었다. 선생님은 못 쓴다는 것을 자각하는 것이 출발점이라고 했다. 생각은 바로 될 것 같지만 마음 같지 않음이 새삼 느껴진다. 그래도 묵묵히 쓰는 것 외에는 달리 방법이 없다. 인생에는 두 가지 고통이 있다고 한다. 단련의 고통과 후회의 고통이다. 단련의 고통은 내가 무엇을 배우고 공부하고 연습할 때 힘듦과 어려움이 따르는 것이다. 그 고통의 끝에는 항상 기쁨의 결실이 함께 온다. 반면 힘들고 어렵다고 포기하게 되면 결국에는 후회의 고통을 만나게 되는 것은 당연한 일이다. 단련의 고통을 만날 것인가 후회의 고통을 만날 것인가는 나의 선택에 달린 문제다. 단련의 고통을 마음껏 누리면서 결실의 기쁨을 안고 싶다. 초보 운전자가 경력을 쌓아 능숙하게 운전하듯이 초보 작가도 마음대로 글 쓸 수 있는 날이 있겠지. 세상의 모든 초보는 두려움보다 자신감 충만으로 용감할 수 있기 때문이다.

윤중로 벚꽃이 지고 있다. 화려함을 뒤로하고 하얗게 떨어지는 꽃잎이 도로에 소복하게 쌓인다. 꽃을 피움으로, 벚꽃의 한 해는 다 지나가지만, 또 새로운 한 해를 위해 벚나무는 새파란 잎으로 여름의 뙤약볕과 태풍과 장마 비바람을 마주할 것이다. 글을 못 쓴다는 것을 확실히 깨달았다. 책 읽고 글 쓰기를 반복하며 배움과 도전을 받아들여야 하겠지. 자연이 소리 없이 준비하며 묵묵히

순환하는 것처럼 나도 그렇게 받아들이며 살아야 한다. 벚꽃이 진다. 지는 벚꽃 속에는 견디고 버텨낸 인고의 아름다움이 숨어있다. 내가 글쓰기 못한다는 것을 알게 되었다. 나아질 수 있다는 기대와 희망으로 단련의 고통을 기꺼이 받아들일 마음의 준비를 해 본다.

09

부족한 점 찾는 길 택했다

──────────────────────────── 이현경

글 쓰는 재능은 타고나는 것이 아니라 훈련을 통한 노력의 결과다. 나도 마찬가지였다. 쓰고 싶은 사람이었고 지금은 쓰는 사람이 되었다. 글 쓰는 데 부족한 점을 느끼곤 했다. 무작정 쓰다 보니 어려웠다. 첫 문장을 시작할 때마다 곤란했다. 글을 계속 써야 하나 고민도 많았다. 글 쓰는 과정이 쉽지 않다 보니 시간이 지나면 언젠가는 잘 쓰지 않겠냐는 어설픈 위안을 하기도 했다. 6년째 글쓰기 공부하고 있다. 용기가 필요했다. 나를 드러내는 용기, 부족한 점을 담담하게 바라보는 의지가 있어야 했다. 지금도 여전히 부족하지만 쓰면서 조금씩 나아지고 있다.

첫째 아이 4권, 둘째 아이 4권 육아 일기 썼다. 아이와 지내는 일상을 매일 기록했다. 우유의 양, 기저귀 개수, 트림하며 웃는 표정 하나하나가 쓸 거리였다. 글인지 메모인지 모를 정도의 글이 쌓여갔다. 내용보다는 하루도 빠짐없이 쓰는 게 중요했다. 회사 다니며

보고서 작성하는 게 유일한 글쓰기였는데, 아이를 낳고 개인적인 이야기 처음 쓰기 시작했다. 막상 써 보니 아이의 변화를 기록하는 글 말고는 쓸 말이 없다 생각되었다. 느낌을 나타내는 감정 표현이 한정되었다. 육아 일기와 함께 글쓰기 울렁증도 시작되었다.

육아 기록을 블로그로 옮겼다. 공개 글을 쓸 용기는 없었다. 비공개 글쓰기로 육아 일기를 채워 갔다. 지금이야 자주 공개 글을 쓰지만, 그때는 아무도 관심 없는 나의 일상을 드러내는 일도, 부족한 문장력을 보이는 일도 걱정되었다. 글을 잘 쓰게 되면 공개하자고 미루었다. 블로그 글은 강제성이 없었다. 매일 올리지 않아도 되어 부담감은 덜했지만, 문장이 아쉬웠다. 기록뿐만 아니라 내용도 충실하게 담고 싶다는 욕심이 생겼다. 글을 잘 쓰고 싶다는 마음이 들었다. 아이를 낳고 직업을 변경하여 독서 논술 교사로 일을 시작했다. 아이들 글쓰기 지도와 내 글을 쓰는 건 다른 차원이었다. 문장을 매끄럽게 쓰는 법도 어려웠지만, 무엇보다 나를 표현하는 글쓰기가 쉽지 않았다. 글을 쓰려고 책상에 앉으면 아무 생각이 안 났다. 배워야겠다고 생각했다.

2019년, 블로그 이웃이 운영하는 글쓰기 모임에 참여했다. 이틀에 한 편씩 글을 쓰면 되는 거였다. 블로그를 쓰고 있었으나 나의 이야기를 쓰는 데는 자신이 없었다. 비용은 무료였고, 강제 사항이 없었기에 그나마 시작할 수 있었다. 글을 쓴 다음에 엑셀에 체크 표시하였다. 강제성이 없다고 쉬운 건 아니었다. A4 반 페이지 글을 몇 시간 걸려 썼다. 그것도 정해진 날짜에 제출하지 못해 지각하기 일쑤였다. 아이의 성장 기록만을 쓸 수는 없었다. 같이 참여했던 사람의 글을 보니 소재가 다양했고, 문장이 자연스러워 보였다. 주제나 글감을 어떻게 정해야 하는지 궁금했다. 우선 매일 글쓰기 시작했다.

글쓰기 모임에 참여했던 한 분이 오마이뉴스 기사 글쓰기를 추천해 주었다. 마침 코로나가 시작한 시기라 학교에 가지 못하는 아이들의 글을 썼다. 엉겁결에 기사로 뽑혀서, 오마이뉴스 시민 기자가 되었다. 오마이뉴스의 기사는 다섯 개의 등급이 있다. 생나무, 잉걸, 버금, 으뜸, 오름의 총 5단계의 등급이다. 생나무는 편집부가 정식 기사로 채택하지 않는다. 처음 쓴 글이 버금 단계로 채택이 되었다. 원고료도 받았다. 기사 채택의 기준은 알 수 없었다. 그러나 육아 일기와는 달랐다. 한 편의 글을 완성해야 했다. 블로그 이웃에게 공유하고 칭찬받았다. 잘 써야 한다는 부담이 생겼다. 두 편의 기사 작성 후 더는 쓰지 못하였다. 칭찬이 독이었다. 못 쓰는 글에 예의상 말해준 거였을 수도 있고, 처음 채택되었으니 다음에 더 잘 쓰라는 의미였을 수 있다. 계속 쓰고 싶었으나 쓰지 못하였다.

연습이 필요했다. 블로그가 익숙하니 도서 서평 쓰는 글쓰기 시작했다. 초중등 아이들 독서 지도와 글쓰기 지도한 경험이 있으니 그대로 쓰면 될 거라 여겼다. 가장 많이 쓴 내용이 책 소개였다. 초중등 추천 책부터 당시 읽고 있는 책들까지 닥치는 대로 서평을 썼다. 책 내용 정리하고, 생각과 느낌이 들어가니 글쓰기 연습이 되지 않을까 싶었다. 책도 읽고, 글도 썼지만, 나아지지 않는 느낌이었다. 글쓰기 실력이 늘지 않았다.

2020년, 자이언트 글쓰기 수업을 수강했다. 글쓰기 수업에서는 구성부터 배웠다. 구성대로 써 보고자 했다. 주제를 정했다. 아버지에 대한 글을 쓰고, 육아 이야기도 쓰고, 독서 수업한 이야기도 썼다. 주제가 많았다. 글이 산만했다. '초고니깐 쓰고 고치자' 했다. 하얀 모니터를 보고 한 줄도 못 쓰는 날이 허다했다. 숨 고른다고 몇 주, 몇 달 쉰 적도 있었다. 쥐어짜듯 원고를 완성했다. 오래 걸려서 쓴 글인데 부족해 보였다. 처음부터 다시 써야 하나 싶었다. 원고를 재정비했다. 첫 개인 저서 『엄마표 문해력 수업』에서는 아버지에 대한 마음과 육아의 내용을 덜어냈다. 엄마표로 독서 지도한 내용을 집약해서 담았다. 마음을 가볍게 하였더니 글도 질서가 생겼다. 글을 쓸 때 과거의 이야기를 쓰기도 하고, 현재의 일을 쓰기도 한다. 사건, 사실, 경험을 기반으로 쓰는 거다. 주의할 점은 이러한 일들을 정돈해야 하는 거다. 기억을 정돈할 때는 구성에 맞춰서 해야 한다. 무엇을 바랐던 건지 쓰고, 무엇이 두려운지 쓴 다음에 해결했던 방안으로 마무리해 보았다. 배운 대로 적용해 보니 조금씩 좋아졌다.

개인 저서 두 권, 공저 두 권 출간했다. 작가라는 호칭이 익숙하지 않다. 작가가 되었다는 설렘도 있었지만, 아직 완성되지 못한 글을 책으로 내보내야 한다는 부담감이 컸다. 글 쓰는 재능은 없어도 글에 대한 책임감이 늘어났다. 부족한 점을 보완하면서 쓰는 수밖에 없었다. 글이 어수선하게 흩어지지 않도록 주의했다. 글을 쓸 때 주제가 산만해지지 않기 위해 노력했다. 첫째, 글을 쓰기 전 주제를 한 문장으로 정리했다. 둘째, 글감과 소재를 메모하고 기록했다. 셋째, 글의 구성과 흐름에 맞게 쓰고자 했다. 못 쓰는 글이지만 연습했다. 시간이 지나면서 부끄러운 마음이 옅어졌다.

글은 반복해서 써 보는 게 필요하다. 글을 잘 쓰지 못한다는 생각이 들어도 썼다. 온전히 마음과 경험을 드러내며 쓰고자 노력했다. 글 쓰는 두려움을 없애기 위해서다. 두려움은 잘 쓰기 위한 마음이 있어서다. 잘 쓰기보다는 경험을 정리하고자 했다. 육아로 지쳤던 경험, 초보 엄마로서 좌충우돌했던 경험, 독서지도하면서 깨달은 점을 썼다. 살면서 어떠한 어려움을 겪으면 그걸 알려주면 된다. 나의 목소리를 내기를 두려워하지 않고자 했다. 재능이 없으면 어떤가. 포기하지 않고 계속 글을 쓰고 작가가 되었다. 부족한 점 찾는 길을 택했다. 부족한 점은 노력해서 채우면 될 일이다.

10

그때 왜 그랬어? 계속 쓰지

───────────────────────────────── 정인구

아내가 집을 나갔다. 별거 5개월 만에 돌아왔다. 서로 필요한 말만 했다. 이렇게 살면 안 되겠다고 생각하던 차, 3P자기경영연구소에서 주관하는 부산지역 독서 특강이 있다는 것을 인터넷으로 알게 되었다. 뭔가를 해야 했다. 수강료 3만 원을 입금했다. 특강이 있는 날 아침, "오늘 독서 특강이 있는데 듣고 싶으면 연락해라. 장소는 서면이다." 툭 한마디 던지고 출근했다. 퇴근 시간까지 전화가 없었다. 뻘쭘한 생각이 들었다. 강의장에 도착했다. 시작 10분 전 아내에게 전화가 왔다. 별거 후 처음으로 아내와 함께 한 일이 '독서 기본과정 특강'이었다.

이 특강을 계기로 부산에서 서울을 오가며 3P자기경영 연구소에서 하는 '3P바인더 마스터 과정'까지 아내와 함께 수강했다. 그러던 중 2017년 이은대 작가 글쓰기 수업에 참여하게 되었다. 첫 주 수업을 듣고 난 후 둘째 수업부터 글쓰기 과제를 매일 제출하라고 했다. 제출한 사람 이름을 차례로 줄을 세웠다. 제대로 읽은 책

이 한 권도 없었다. 일기도 초등학교 방학 숙제 말고는 쓰지 않았다. 그런 내가 책을 낸다니? 무리였다. 아내는 글 쓰는 게 거침없었다. 어떤 날은 하루 2~3꼭지를 썼다. 내가 쓴 글을 보고 고쳐주었다. 회사 일이 바빴다. 회식 자리도 많았다. 자꾸 뒤로 미루니 더 하기 싫어졌다. 이러면 안 되겠다 싶어 새벽에 글쓰기로 마음먹었다. 6인용 책상을 사서 거실 가운데 비치하고 TV를 당근마켓에 팔았다. 새벽 4시에 일어나 7시 30분까지 글을 쓰고 출근했다. 매일 새벽 아내와 마주 앉아 팔자에 없는 책을 썼다. 한 번씩 글을 쓰다가 이상한 느낌이 들어 앞을 보면 아내, 나를 째려보고 있었다. '지금, 내 욕 쓰고 있는 중'이란다. 과제를 제출하지 못할 때는 주말에 글을 썼다. 당시 2.5매가 한 꼭지였다. 40꼭지 초고를 완성했다. 그때 빠진 머리털이 아직도 나지 않는다.

2018년 1월. 『지금 당신의 삶을 찾아라』 나의 첫 책이 세상에 나왔다. 책 출간 기쁨도 잠시, 내 책을 누가 읽을까 걱정이 앞섰다. 못 썼다는 생각에 부끄러웠다. 머리가 복잡했다. 책을 출간한 것만으로 만족하려고 했다. 출판사에서 연락이 왔다. 홍보 많이 해 달라는 부탁이었다. 책 출간에 돈 한 푼 안 들었다. 출판사에 미안한 마음이 들었다. 책을 구입해서 상부 기관 국장, 과장, 팀장, 지인들에게 보냈다. 보내면서도 읽지 않기를 바랐다. 얼마 지나지 않아 술자리에서 내 책에 대한 인사 부서 직원의 평을 전해 들었다. 인사에 관한 내용이 맞지 않다는 등 부정적인 평이었다. 그 외에 좋지 않은 평이 가끔 들려왔다. 힘들게 쓴 책인데 기분이 좋지 않았다. 물론 좋은 평도 있었다. 마음속에 지워지지 않는 것은 나쁜 평을 하는 사람 말이었다. 이후 더 이상 글 쓰고 싶은 생각이 없어졌다. 나는 글을 잘 못 쓰는 사람이라고 단정 지어 버렸다. 글 쓰는 게 싫어졌다.

2021년 8월, 글쓰기 수업을 다시 듣기 시작했다. 12월 말 퇴직 기념으로 책을 내고 싶었다. 갑자기 책을 쓰려니 부담됐다. 이은대 작가 글쓰기 수업에 참여했다. 예전에는 오프라인이었는데 온라인으로 바뀌어서 편리했다. 책 제목과 목차를 받아 완성했다. 글쓰기 수업은 들으며 쓰다 안 쓰기를 반복했다. 다섯 꼭지 쓰고 차일 피일 미루다 결국 퇴직했다. 퇴직 기념식 때 내가 쓴 책을 선물하며 멋지게 은퇴하고 싶었는데 출간하지 못한 것이 아쉬웠다. 수업을 들으면 들을수록 그동안 글을 쓰지 않은 게 후회됐다. 첫 책에 대한 아픈 기억이 나를 앞으로 못 가게 했다.

'그까짓 남의 평가가 뭐 그리 중요하다고!' 다시 글쓰기로 마음먹었다. 세 줄 감사 일기부터 시작했다. 2022년 12월부터는 지금까지 글 한 편을 매일 쓰고 있다. 자이언트에서 주관하는 공저 프로젝트에 참여했다. 공저 6권을 출간했다. 그동안 중단했던 두 번째 책도 쓰고 있다. 개인 저서가 부담된다면 공저부터 쓰길 권한다.

나에게는 일을 뒤로 미루는 습관이 있다. 인생 더 이상 뒤로 미루고 싶지 않았다. 글을 계속 쓰는 방법이 없을까 고민하던 중 내가 글쓰기를 가르치면 되겠다는 생각이 들었다. 운 좋게 지난해 자이언트 북 컨설팅 라이팅 코치 과정이 신설되었다. 2023년 4월 30일 라이팅 코치가 되었다. 지금은 [글센티브직장인책쓰기스쿨]

을 만들어 책 쓰기 수업을 10회째 진행 중이다. 2023년 12월, 수강생을 대상으로 공저 프로젝트를 수행했다. 초고 마감일 L 작가에게 전화가 왔다. "작가님 미치겠어요, 저는 글을 너무 못 써요, 글을 잘 못 쓰는 나에게 화가 나요."라며 하소연했다. 목소리가 상기되어 있었다. 벌겋게 달아오른 작가 얼굴이 떠올랐다. 내가 공저 출간하면서 힘들었던 이야기를 전하고 공감해 주었다. '잘 써야 한다'라는 마음을 버리고 그냥 내 경험을 있는 그대로 쓰라고 권면했다. '남의 평가 따윈 신경 쓰지 마라'는 말도 덧붙였다. 보내온 초고에 피드백을 주며 용기를 북돋아 주었다. 원고 마감 다음 날 초고를 보내왔다. 작가 아홉 명이 쓴 첫 책『스몰라이팅으로 시작합니다』가 세상에 나왔다. 라이팅 코치 시작한 후 처음 맺은 결실이었다. 2023년 12월 25일, 크리스마스 날 출판기념회를 가졌다. 힘들어했던 K 작가는 모든 작가에게 그들의 얼굴이 새겨진 머그잔을 선물했다. 환하게 웃으면서 좋아하던 모습이 아직도 생생하다.

글쓰기 수강생들에게 블로그 수업을 진행하고 있다. 블로그 세팅하는 방법, 대문 만들기, 휴대전화기 블로그 앱 설치 후 세팅, 마지막으로 글 쓰는 방법을 알려준다. 제목을 '블로그 배우는 중입니다'라고 쓰고 작성법을 실습한다. 오늘 배우고 연습한 내용을 꼭 공개 설정해서 발행하라고 한다. 매회 가르칠 때마다 "코치님 이거 올려도 돼요? 연습한 건데…"라는 말을 듣는다. 그럴 때면 "작가님 글 아무도 안 봅니다. 신경 쓰지 말고 그냥 올리세요!"라고, 강권한다. 일주일간 매일 한 줄이라도 써서 블로그에 올리는 습관을 만들라고 부탁한다.

'카메라 마사지 효과'라는 말이 있다. 연예계에서 많이 사용되는 용어로, 연예계 경험이 늘어나고 카메라에 자주 노출되면 점차 외모가 개선되는 것을 뜻한다. 대중들에게 비치는 모습을 보고 메이크업, 의상 등 자신에게 어울리도록 가꾸어, 외모의 매력을 극대화하는 것이다. 글도 마찬가지다. 블로그에 못 쓰고 어설픈 글을 써서 누군가를 돕는 마음으로 대중에 오픈한다. 혼자 글을 써서 보관하는 글과 누군가 내 글을 읽는다고 생각하고 쓰는 글은 차원이 다르다. 그래야 좋은 글을 쓸 수 있는 확률이 높아진다.

손주가 태어났다. 무뚝뚝한 아내도 휴대전화기 속 손주 얼굴만 보면 환하게 웃는다. 눈만 뻐끔거리던 녀석이 뒤집었다. 온 가족이 난리 났다. 물건을 잡고 걷다가 넘어지고 걷다가 넘어지더니 지금은 뒤뚱뒤뚱 뛰어다닌다. 아이가 걷기까지 평균 2천 번을 넘어진다고 한다. '나'란 사람은 글을 잘 쓸 수도 있고 못 쓸 수도 있다. 특히, 초보 작가의 경우 연습량도 부족하고 글을 많이 써 본 경험이 적기 때문에 못 쓰는 게 당연하다. 하루 한 줄이라도 계속 쓰고 공부하면 나아질 게 틀림없다. 못 걷는 사람이라고 정해지지 않았다. '글 못 쓰는 사람'이라고 정해진 사람 역시 없다. 지금은 글을 잘 못 쓴다고 생각하면 그뿐이다. 그런데도 많은 사람이 내가 그랬던 것처럼 '나는 글을 잘 못 쓰는 사람'이라고 단정 짓는다. 중요한 것은 아이가 걸음마를 배우듯 하루 한 줄이라도 계속 쓰는 것이다. 글쓰기는 훈련이 전부다. 첫 책을 내고 중단했던 5년 전 나에게 가서 말하고 싶다. "남의 평가나 시선 따위 신경 쓰지 말고 그냥 써!"

— ⑪ —

나의 글쓰기 여정을 공개합니다

———————————————————— 정원희

20년 차 강사다. 글보다 말이 쉽다. 와인수업을 하거나, 여행학교 수업을 할 때는 네 시간씩 하는 강의도 계속 할 수 있다. 소설가 조화진 선생님은 늘 나에게 글을 써 보라고 권했다. 말하기는 쉬운데 글이 어렵다 하니, 강의할 때 녹음을 해서 쓰라고도 했다. 선생님이 용기를 준 덕분에 나의 글쓰기는 시작되었다.

김미경 선생님이 진행하는 스피치 수업을 수강한 적이 있었다. 강의를 20년째 해 오고 있지만, 정식으로 수업을 듣는 것은 처음이었다. 선생님은 스피치를 위한 원고가 필요하다고 했다. 말을 잘하기 위해서는 미리 글을 써서 준비해야 한다고 했다. 스피치 원고를 작성했다. 슬라이드 한 장이 넘어갈 때마다 취해야 하는 몸동작까지 치밀하게 미리 정하고 연습해야 했다.

강의 자료에는 제목이나 키워드 정도의 글자만 있다. 주로 이미지나 영상이다. 강의할 내용의 뼈대를 가지고 준비를 한다. 슬라이드를 보면 어떤 이야기를 해야 할지에 대한 내용이 떠오르기 때문에 강의를 위한 원고는 따로 준비하지 않는 편이었다. 자료 준비를 하며 구상한다. 수업마다 학생들의 분위기가 조금씩 다르다. '꼭 해야지.' 하고 준비하고 간 내용도 학생들의 반응에 따라 수정하거나 생략한다. 물론 계획에 없던 이야기를 하게 되는 경우가 있다. 강의 내용의 중요한 흐름은 지키더라도 하는 이야기는 조금씩 달라진다. 20년간 해오던 습관이 있어 김미경 선생님처럼 수업하려니 어려웠다. 강의는 배운 것을 적용하지 못하고 원래대로 돌아갔다.

스피치에 대한 아쉬움이 남아 아나운서 출신인 최윤정 선생님 수업을 다시 수강했다. 스피치 컨설턴트 과정을 이수하며 이론적인 부분을 채웠다. 사용하는 단어의 반복이 자주 있다는 지적을 받았다. 원고 없이 하다 보니, 해야 할 말들을 빼먹는 경우가 종종 있었다. 어떤 말은 하지 말 걸, 후회한 적도 있었다. 1분 스피치를 하더라도 글로 먼저 생각을 정리하는 것이 도움이 되었다.

내가 지난 20년 동안 수업을 원고 없이 할 수 있었던 건 내가 잘 아는 분야였기 때문이다. 몸으로 습득한 경험에 지식이 더해진다. 말은 순서가 바뀌어도 괜찮았다. 자연스럽게 다시 뒤에 연결해서 진행했다. 짜임새 있는 준비는 아니었고, 사람들 앞에서 이야기하는 것에 대한 두려움이 없었다. 글을 미리 써서 스피치 하거나 강의한다면 좀 더 짜임새 있게 할 수 있겠다는 생각이 들었다.

여전히 글을 쓰는 데 시간이 오래 걸린다. 평소에 생각한 것을 글로 써야 하는데. 생각하면서 쓰려니 그렇다. 쓰고 싶은 내용에 대해 템플릿에 맞추어 메모하고, 문장 만들고, 단락으로 이어가면서 한 편의 글을 쓴다. 이론적으로는 정립되어 있는데, 오랜 습성이 스멀스멀 올라온다.

하나만 딱 필요하다. 내가 쓰고 싶은 것이 무엇인지, 한 가지 주제만 정하면 된다. 너무 많다는 것은 정확한 하나가 없다는 것이다.

이은대 작가님의 수업을 듣고 나면 잠시 후에 블로그 글이 올라온다. 수업에서 했던 이야기가 잘 정리되어 전부 글에 담겨 있다. 수업이 끝난 직후, 포스팅이 바로 된다는 것은 수업 전에 이미 해당 주제에 대한 충분히 고민이 이루어졌다는 것이다. 메모한 단어를 나열하여 스케치만 했던 내 강의와는 다를 것이다.

강의 준비하는 방법을 바꾸기로 했다. 강의할 내용을 문장으로 완성한다. 문장을 하나씩 쓰다 보면 간단명료하게 말하는 습관도 만들 수 있다. 글에는 마침표가 있지만, 말은 마침표 없이 이어지는 경우가 많다. 한 장의 슬라이드를 위한 한 단락의 글이 완성된다. 한 시간 분량 강의에는 50장 이상의 슬라이드가 준비된다. 50개 이상 단락으로 구성된 글은 한 편의 글로 충분했다.

"화장실 세 번만 가면 다 읽을 수 있어요."

첫 번째 책 여행에세이 『그곳을 선물합니다』를 사람들에게 소개하면서 내가 자주 하는 말이다.

첫 책은 그냥 썼다. 문장력은 아예 생각하지 않고, 이야기 들려주듯이 썼다. 내 경험을 세상에 전하면 된다는 생각뿐이었다. 초고 집필 후 문장수업을 들으며 여러 차례 퇴고 했다. 문맥의 흐름도 조금 나아지고 읽기 편한 문장이 되어 갔다.

"어제 책 읽느라 한숨도 못 잤어, 멈출 수가 없었어!"

독자에게 듣는 기분 좋은 고백이다. 초보 작가의 첫 번째 에세이였다. 근사한 문장은 많이 없다. 여전히 글보다는 말이 편했다. 내가 경험한 이야기를 정성껏 쓰는 것이 내가 할 수 있는 일이었다. 여행에서 경험한 에피소드를 사실대로 하나하나 보여 주었다. 최대한 짧게 쓰고, 불필요한 조사나 부사, 형용사는 자제했다. 책을 읽는 사람들이 최대한 쉽고 편하게 읽으면 좋겠다고 생각했다. 글을 잘 쓰는 방법을 배웠으나 당장 되는 것은 아니다. 더 많이 더 오래 써야지만 문장력이 생긴다는 것도 알게 되었다.

말과 글, 글과 말이 늘 함께 가야 완벽해진다는 것을 몰랐다. 말하기는 수천 번 하면서 글쓰기는 할 생각을 안 했다. 연습도 없이 잘하려고만 했다. 말은 생성과 동시에 세상 밖으로 나온다. 글은 몇 번이고 고쳐 쓸 기회가 있다. 고쳐 쓰는 것을 거듭할수록 글은 점점 좋아진다.

작가는 매일 글 쓰는 사람이다. 잘 쓰는 사람이 지금 당장 될 수 없다. 매일 쓰는 사람은 될 수 있다. 할 수 있는 것을 한다. 욕심내지 않는다. 빈 페이지 너머 나의 글쓰기 부족함과 마주한다. 완벽함보다는 성장을 수용하는 글쓰기를 한다. 쓰면서 달라지고 나아지는 나의 여정을 즐긴다.

2장

도저히 쓰기 힘들다
싶은 날에도

누구에게나 있는 글감을 찾는 마법 주문

———————————————————— 김형준

출근 전 일기를 쓴 지 1,070일째입니다. 펜을 잡고 떠오른 첫 생각을 10분 동안 쓰기로 규칙을 정했습니다. 글자가 틀려도, 맥락이 안 맞아도, 문장을 잘못 써도 괜찮습니다. 누구에게 보여줄 게 아니니까요. 말 그대로 아무거나 씁니다. 별 고민 없이 쓸 것 같은 일기도 때로는 막힐 때가 있습니다. 생각이 많아 몇 분 동안 멍해집니다. 근근이 글감을 정해 쓰고 나면 이런 생각이 듭니다. '쓸 말이 이렇게 없나?'

새벽 6시, 불빛이 있어야 주변이 보일 만큼 어둑했습니다. 운전석에 앉아 시동을 켜니 주변이 눈에 들어옵니다. 맞은편에, 관리사무소에서 걸어놓은 현수막이 보입니다. 며칠 뒤 변압기 교체가 있을 거랍니다. 한여름 전력 사용량이 치솟을 걸 대비해 증설한다는 안내입니다. 해마다 이어지는 기록적인 더위에 변압기 고장이 잦았습니다. 그때마다 반강제로 집은 찜질방으로 변했습니다. 다행히 몇 시간 만에 복구가 됐지만 불편했습니다. 있을 때는 소중함을 모른다고 했습니다. 정전되니 그제야 전기의 소중함을 알았던 것 같습니다. 올해는 미리 예방하는 만큼 찜질방이 되는 일이 없길 바랍니다. 올여름도 얼마나 더울지 생각만 해도 벌써 땀이 맺히는 것 같습니다.

주차장에서 빠져나와 도로 위에 올라서니 양옆으로 벚꽃이 활짝 폈습니다. 활짝 핀 꽃잎이 무리 지어 있으니 새벽어스름에도 스스로 빛을 내는 것 같습니다. 가는 길마다 나란히 서서 출근길을 꽃길로 만듭니다. 군데군데 개나리가 지루할 틈을 주지 않습니다. 날이 밝으며 꽃 색깔이 더 도드라집니다. 가는 길을 멈추고 사진으로 담고 싶은 지경입니다. 점심 먹으러 사무실을 나서면 주변을 유심히 봅니다. 매일 조금씩 풍성해지는 꽃잎은 봄이 오는 걸 알립니다. 다행입니다. 매일 걷고 운전하며 주변에 핀 꽃을 볼 수 있어서요. 올해도 봄의 풍경을 두 눈에 담습니다. 해마다 꽃이 필 때면 또 한 해를 살아냈구나 싶습니다. 저 꽃들은 단 며칠 활짝 피기 위해 1년을 버텨냈을 겁니다. 저도 내년에 필 꽃을 기다리며 올해도 잘 살아내야겠습니다.

새벽에 출근하는 이유는 운전 시간이 줄기 때문입니다. 출퇴근 정체로 유명한 남부순환도로를 이용해 회사까지 갑니다. 까닥 때를 놓쳤다가는 1시간 이상 걸리기 일쑤입니다. 그러니 차가 없는 도로에서 속도를 내는 게 시간을 버는 겁니다. 오늘따라 '초보 운전' 딱지가 붙은 차가 여럿입니다. 그것도 내 앞에서만 자기만의 속도로 갑니다. 속도를 줄여 따라붙습니다. 옆 차가 없는 틈을 봐 앞으로 질러갑니다. 사이드미러로 멀어지는 뒤차를 보며 나도 저랬지 싶습니다. 그때는 객기로 차를 끌고 나왔고 뒤차까지 신경 쓸 겨를이 없었습니다. 아마도 그때 내 뒤를 따르던 누군가의 배려 덕분에 곤란한 일을 덜 겪었던 게 아닐까, 생각해 봅니다.

무사히 주차장에 차를 세웠습니다. 잠깐 짬이 나서 인스타그램에 들어갔습니다. 릴스에 개그맨 김경식 씨가 유퀴즈에 출연한 영상이 뜹니다. 전선을 잘못 건드려 감전 사고가 날 뻔했다고 합니다. 이 상황을 동료 개그맨 이동우 씨에게 문자로 보냈고, '다시 태어난 걸 축하해'라고 답장을 받았답니다. 이 일을 계기로 매사에 감사하는 마음을 갖게 되었다고 말하는 영상입니다. 경중에 따라 다르겠지만 누구나 살면서 비슷한 경험 하나쯤 있을 겁니다. 그런 일을 겪었을 때 대수롭지 않게 넘기는 사람도 있고, 김경식 씨처럼 자신을 돌아보는 이도 있습니다. 어쩌면 꼭 그런 일을 겪지 않아도 매일 살아가는 게 참으로 감사한 일입니다. 당연하게 여기는 탓에 고마움을 잊고 사는 건 아닌지 다시 돌아봤습니다.

출근하는 동안 있었던 일을 한 단락씩 적었습니다. 어떤가요? 특별한 일이 있었나요? 집 앞 현수막을 보고 든 생각을 적었습니다. 운전하는 동안 꽃을 본 느낌을 썼습니다. 내 앞에 느리게 가는 초보운전자의 마음을 헤아려 봤습니다. 1분도 안 되는 짧은 영상을 보고 느낀 걸 표현했습니다. 눈에 보인 것들을 있는 그대로 옮겨 적고 생각이나 느낌으로 마무리했습니다. 각각의 단락에 살을 더

붙이고 메시지를 다듬으면 제법 근사한 글 한 편이 될 것입니다. 우리 주변에는 글로 쓸 이야기가 제법 많고 다양하지 않나요?

글감이 없어서, 주제를 찾지 못해서 글쓰기가 어렵다는 분 많습니다. 저도 그랬습니다. 이왕 쓰는 거 근사한 내용 쓰고 싶었습니다. 이걸 쓸지 저걸 쓸지 한참을 고민해도 딱히 잡히는 게 없었습니다. 그렇게 시간만 보내고 나면 자신을 탓합니다. '나는 글을 못 쓰는구나.' 하면서요. 다행인 건 글감 고민은 누구에게나 있습니다. 글을 잘 쓰건 못 쓰건 상관없이요. 다만 차이가 있다면 내 주변에 얼마나 관심 두고 사느냐일 것입니다. 눈에 보이고 귀에 들리고 손으로 만져지는 것들에 관심을 갖는 차이입니다. 주변에 관심 두는 데 특별한 능력이나 자격이 필요치 않습니다. 그래도 막막하다고 말하는 분들에게 도움이 되는 한 가지를 말씀드리겠습니다. 주문처럼 외우고 다니면 좋을 것 같습니다. "오늘 뭐 했지?"라고 스스로에게 질문하는 겁니다. 아침에 눈 뜨고 밤에 잠자리에 들기까지 수많은 일이 있었을 겁니다. 단지 어제도 그제도 반복했던 일상이라 별로 의식하지 못할 뿐입니다. 늘 비슷한 일상을 사는 거, 나만 그럴까요? 아닙니다. 누구나 다 고만고만한 하루를 삽니다. 특별한 것 없는 일상을 살 듯 평범한 오늘을 글로 쓰는 게 지극히 당연한 것 아닐까요?

덧붙이자면, 누구나 평범한 일상을 보낸다면 내가 쓴 글을 읽어야 할 이유가 있을까요? 나의 일상이 남들과 구별되는 한 가지는 나만의 생각과 느낌 감정을 표현할 때입니다. 이는 나만 쓸 수 있습니다. 그래서 똑같은 일상도 내 생각, 느낌, 감정이 더해질 때 남들과 다른 하루가 되는 것입니다. 우리는 그걸 '메시지'라고 표현합니다. 도저히 쓸 말이 없을 때 이 두 가지만 기억해 보세요. "오늘 뭐 했지?"로 시작해서 '메시지'로 마무리하는 겁니다. 이 두 가지는 저에게 글감을 찾는 마법 주문입니다. 이렇게 일상을 기록하는 게 남다른 오늘 사는 방법이기도 합니다.

02

작은 일에 의미를 부여하자

서미소

나는 과감하게 몽땅 버렸다. 1995년부터 2022년까지 기록한 노트다. 대청소 중 눈에 거슬렸다. 버려야 정리가 된다는 생각이었다. 해당 연도와 광주은행이라는 글씨가 찍혀 있다. 겉표지는 검정과 빨강 두 종류다. 얇은 가죽으로 되어 있어 휴대하기 편리하다. 언제, 어디를 다녀왔는지, 만난 사람은 누군지, 감정은 어땠는지 기록되어 있다. 지난 28년간의 내 인생이 담겨 있고, 나의 추억이 흘러넘치는데도 홀가분하고 싶다는 열망을 억누르지 못했다. 지금 돌이켜 보면 아쉽고 후회스럽다.

블로그에 글을 쓰려고 앉았다. 오전 9시 30분부터 시작한 글쓰기가 오후 1시가 되어서야 끝났다. '뭐야, 한 꼭지 분량도 안 되는데 이렇게 시간이 오래 걸리면 책 한 권 쓰는 데 도대체 얼마나 걸리는 거야' 뿌듯하기보다 '와, 진 빠지네. 글 한 편 쓰기 진짜 힘들다.' 라고 낙담하게 된다. 글을 쓰다가 어느새 딴짓하고 있는 나를 발견한다. 몇 줄 쓰다 말고 뭐가 먹고 싶어 냉장고를 열어 본다. 떡을 에

어프라이기에 돌려 가져온다. 이걸 먹고 나면 쓸 것 같다. 떡을 먹고 나니 목마르다. 물을 한 잔 마시고 나서, 다시 글을 쓴다. 세탁기가 다 됐다고 노래한다. '알았어, 꺼내 줄게. 맘먹고 글 쓰려는데 안 도와주네.' 건조대에 세탁물을 널면서 푸념한다. 따져보면 정작 집중해 쓰는 시간은 얼마 되지 않는다. 몰입이 힘든 걸 알면서 딸에게 "공부할 때 집중해라, 이건 공부를 하는 건지 놀고 있는 건지." 잔소리했던 일이 생각난다. 몰입이 이렇게 힘든 걸 알았으면 그러지 않았을 것이다. 상황은 직접 겪지 않으면 알 수 없다. 블로그에 글을 써서 나의 기록을 남기고 싶다. 사진 속에 남은 어렴풋한 기억이 아니라 글로 선명하게 종이 위에 흔적을 남기고 싶다.

어릴 적에 일기 쓰기 방학 과제가 있었다.

매일 일기를 썼다. 아마 5학년, 6학년이었을 것이다. 어떤 이야기들이 채워져 있었을까. 어떤 엄마는 배냇저고리나 아이가 사용하던 물건을 보관한다고 했다. 나는 필요한 사람에게 주거나 버렸다. 두 아이 일기장만큼은 유치원 때부터 모아뒀다. 소중한 기억을 간직해서 어린 시절의 생각과 감정을 보여주고 싶었다. 초등학생들은 매주 두 번씩 일기 쓰기 숙제가 있다. 3월 상담 때면 선생님께 일기 쓰기, 독서 지도를 부탁한다. 처음에 힘들어했던 아들은 일기 쓰기 숙제가 이제는 일상이 됐다. 우리는 유치원에 다닐 때 썼던 그림일기를 보면서 이야기 나누는 시간을 좋아한다. 저녁 잠들기 전 오늘 행복했던 일을 나누고 감사기도를 한다. 딸이 먼저 행복했던 이야기를 하면 아들은 따라 한다. 처음엔 쑥스러워하던 아들도 이야기보따리를 푼다. 그다음 감사기도를 한다. 볼 수 있는 눈이 있어 감사합니다. 들을 수 있는 귀가 있어 감사합니다. 맡을 수 있

　　　　　　　　　　365페이지를 쓰는 인생

는 코가 있어 감사합니다. 말 할 수 있는 입이 있어 감사합니다. 아들과 나는 맨 뒤 감사합니다만 따라 한다. 아이들과 잠들기 전 나누는 작은 일들에 의미를 부여해본다. 아이들이 자라 어른이 되었을 때 초등학교 시절 엄마와의 소중한 추억으로 남길 바란다,

　엄마와 나는 의지하고 힘을 실어주는 관계다. 전화가 왔다.
　"요즘 뭐하고 사는데 전화도 없냐?"
　"아이들 학교 보내고 애들 챙기다 보면 하루가 금세 지나가."
　글쓰기 공부하고 있단 말은 입에서만 맴돈다. 동생과 나에게 전화했는데 안 받아 속상했다며 자식 필요 없다고 푸념하셨다.
　"엄마, 책을 보든지 글을 써. 속상한 마음을 글로 표현해. 누구 찾지 말고."
　글쓰기 수업 중에 듣던 말이 나왔다.
　"책 보면 돈이 나오는 것도 아닌데 무슨 책이냐?"
　"그래 돈이 나오는 건 아니지, 책 읽고 글 쓰면 내가 행복해져."
공자님 말씀 같은 말을 했다. 공감하고 경청해 주길 바랐을 것이다. 글 쓰는 이유는 누군가를 돕는 일인데 그것을 못 해주었다.

　우리는 마치 약속이나 한 듯이 '존경하는 딸', '존경하는 엄마'로 전화 메시지를 설정해 두었다. 그 사연은 이렇다.
　나는 5시 20분에 하루를 시작한다. 2021년 6월 10일부터 지금까지 108배를 하고 있다. 엄마는 꾸준히 지속하는 나를 인정하여 '존경하는 딸'로 입력해 두었다.
　엄마는 시를 쓴다.　일흔넷이나 되었는데도 수없이 반복하여 시

인으로 등단했다. 내가 글쓰기를 하기 전에는 그냥 되는 거라 생각했다. 축하는 드렸지만 마음속 진심은 아니었다. 쉽게 생각했다. 하지만 내가 글쓰기 공부를 하면서 그제서야 엄마의 실행력과 대단함을 인정하게 되었다. 어느 누구나 같이 시작하지만 결과는 다르다. '그냥' 하는 사람과 목적의식을 가지고 '집요하게' 하는 사람의 결과는 크게 다르다. 엄마의 실행력이, 목표한 대로 이루는 모습이 존경스럽다. 최선을 다하는 엄마라서 좋다. 나이는 숫자일 뿐 젊게 사는 모습에 박수를 보낸다. 안주하지도, 겁내지도 않고 도전하는 존경스러운 엄마다. 그래서 핸드폰에 '존경하는 엄마'로 저장했다. 나도 엄마를 따라 작은 변화를 시도해본다. 서서히 지속적으로 성장해 가려 한다. 엄마의 딸이니까 불가능하지는 않을 것이다.

노트를 버릴 때는 책장이 깨끗해질 것만 생각했다. 거기에 적힌 메모들은 작은 일에 불과하다고 생각했다. 작은 일이 의미 있는 시간이며 중요한 부분이었고 소중한 시간을 모아둔 창고였다. 이 순간 작은 일들을 하나씩 다시 적기 시작한다. 쓰기 힘든 날도 작은 일에 의미를 부여해본다. 의미를 찾아내며 내 삶을, 더 풍요롭게 만들고 싶다. 노트는 내게 꾸준함과 지속성이 무언지 알게 해주었다. 변화는 쉽게 되는 게 아니다. 누군가를 변하게 만드는 건 나를 위한 일이다. 글쓰기의 힘을 전달하기 위해 내가 변화해야 한다. 나의 작은 행동이 누군가에게 어떤 영향을 미치고 도움을 줄 수 있는지 알기에 보란 듯이 살고 싶다. 지금보다 더 높이 비상하고 싶다.

글을 쓰고 싶어 하는 사람들에게 그들이 쓸 수 있도록 힘을 실어주고 싶다. 글쓰기의 어려움을 극복하고, 창의성을 바라는 사람에게 도움이 되기를 바란다. 우리는 공감해 주는 누군가가 필요하다. 저마다 재능을 가지고 태어난다. 능력을 발휘하려면 시간이 필요하다. 하루에 얼마나 많은 시간을 글쓰기에 할애했는지 질문해 보자. 나에게 당당할 수 있도록 지속적 꾸준함과 묵묵하게 나아감이 필요하다. 누군가가 자신의 목소리를 발견하고, 세상과 공유할 용기를 갖도록 도와주는 사람이고 싶다. 지금 여기가 고비라 생각하고 무너지지 말아야겠다. 더 큰 의미를 줄 것이라 믿는다. 자기 점수는 내가 매기는 게 아니다. 자식이 매긴다. 글을 쓰고 나면 딸에게 읽어준다. "오~잘 썼네. 조금씩 나아지는데" 이 한마디면 충분하다. 닥치고 쓰는 거라 했다. 그냥 쓰자.

우리는 완벽하지 않은 존재다. 무엇보다도 그것이 시작이고, 그 시작이 용기를 주는 계기가 되면 좋겠다. 나에게 소중한 일이라는 걸 알기에. 다른 누군가도 그 의미를 스스로 터득할 수 있기를 바란다.

끄적끄적, 글쓰기를 선택합니다

—————————————————————— 서주운

매일 글 한 편 쓰기 어렵죠? 블로그든 독서 노트든 일기든 작문이든 '글 한 편'이라는 단어가 주는 부담이 크게 느껴질 때가 있었습니다. 매일 글 한 편을 써야 한다는 강박에 짓눌려 그만 포기하고 글을 안 쓴 날 수두룩합니다. 그러면 마음이 불편했습니다. 화장실 가서 뒤처리 안 하고 나온 느낌이랄까? 밥 먹고 이 안 닦은 기분이랄까? 오늘 해야 할 일을 하나 빠트린 느낌, 준비물을 챙기지 못해 선생님께 혼날까 봐 걱정했던 그런 날 같았습니다. 글 한 편을 잘 써야 한다는 욕심이 원인이었습니다. 마음 내려놓고 그냥 있는 그대로 써야겠다는 마음이 중요했습니다. 한 편이 아니더라도 '끄적끄적' 한 단어, 한 문장이라도 쓰자 생각했지요. '끄적끄적'의 사전적 의미는 글씨나 그림 따위를 아무렇게나 쓰거나 그리는 모양을 말합니다.

마음이 아픈 날이었습니다. 잘 이겨냈고 이젠 단단해졌다 싶었는데 와르르 무너진 날이었지요. 이불 뒤집어쓰고 속 시원해질 때까지 펑펑 소리 내어 울고 싶었습니다. 그럴 수 없었지요. 아들이 방에 있으니까요. 여느 때와 같이 책상 앞에 앉았습니다. 노트북이 보였습니다. 그냥 글이나 쓰자. 도저히 쓰기 힘들었지만, 경험과 느낌과 감정을 끄집어냈습니다. 쏟아냈더니 가벼워졌습니다. 그날 블로그에 쓴 글입니다.

와우 아세요? 아마 모르시는 분 많으실 거예요. 저도 아이가 아프기 전까지는 몰랐으니까요. 저희 아들은 청각장애가 있어요. 태어날 때부터 잔존청력이 약했어요. 보청기를 끼다가 인공 와우 수술을 했지요. 와우는 귀 외부에 차는 기기입니다. 비가 계속 오고 습해서인지, 더운 날씨에 땀이 많이 나서인지 요즘 와우 기기에 문제가 많습니다. 생활방수는 된다지만 땀에 습기에 물기에 아주 취약하지요. 왼쪽 와우는 수리점검으로 센터에 보내놓은 상태고요, 오른쪽뿐인데 그것마저 말을 안 듣네요. 이 케이블, 저 케이블, 이 충전지 저 충전지 아무리 바꿔 끼워봐도 말을 듣지 않습니다. 등교 시간은 점점 다가오고 손에 땀이 납니다. 일단 담임 선생님께 상황 문자를 보내고 막내딸부터 유치원 차로 등원시켰습니다. 빨리 되길 바라는 마음으로 가방을 멘 채 옆에 서 있는 아들. 안되다가도 금방 연결이 됐었는데 오늘은 왜 이럴까요? 만들기 수업 있다고 어제저녁부터 준비물 챙기고 신이 났는데. 와~ 드디어 됐어요! 빠른 걸음으로 등교하는 아들 뒷모습 보며 다행이라고 생각했습니다. 그것도 잠시 아들은 학교 가던 중 다시 와우가 안 돼서 집으로 돌아왔습니다. 말 안 듣는 와우, 제발 말 좀 들어라! 얼마나 지났을까요? 다행히 불빛이 들어옵니다. 주황 불이 깜박! 깜박! 다행입니다. 많이 늦지 않아 부랴부랴 신발을 신고 나섭니다. 잘 다녀오라고 인사를 하고는 안 되겠다 싶어 따라나섰지요. 가는 길 이상 없습니다. 그런 줄 알았지요. 학교 신발장 앞에서 딱! 멈추는 아들. 또 작동이 안 되는 와우! 선생님께 오늘은 와우 때문에 수업이 힘들 것 같다고 전화로 말씀을 드렸습니다. 와우 기기에 이상이 있으면 아들은 소리를 듣지 못하거든요. 기대했던 만들기 수업도 못 하고 준비물을 그대로 들고 집으로 향했지요. 학교에 가고 싶어도 못 가는 상황, 친구들과 만들기 하고 싶은데 못하는 아쉬움, 다시 우산을 펴는 아들의 눈빛, 얼굴을 보니 나도 모르게 그만 왈칵 눈물이 쏟아졌습니다.

비가 와서 거리에 사람이 없어서 우산을 눌러쓸 수 있어서 다행이었지요. 비가 와서 거리에 사람이 없어서 우산을 눌러쓸 수 있어서 더 그랬을까요? 한번 터진 눈물이 멈추지 않았습니다. 약해지지 않으려 하는데 가끔 한 번씩 옵니다. 잘 버티고 이겨내 강해졌다고 생각했는데, 아닌가 봅니다. 이렇게 순간 와르르 무너지네요. 글을 쓰다 보니 마음이 좀 나아졌습니다. 쓸 수 있어서 얼마나 다행인지 모릅니다. 아들은 책상에 앉아 혼자서 만들기를 하고 있어요. 다 만든 마라카스를 웃으며 보여줍니다. 고마워 글아, 사랑해 아들아! 덕분에 오늘은 아들과 단둘이 점심을 먹게 되었네요. 오늘도 감사한 하루입니다*^^*

이 짧은 글을 쓰는 데 한참 걸렸습니다. 노트북 속 글자가 자꾸만 흐려졌어요. 눈앞이 아른거려 속도를 낼 수 없었지만 멈추지는 않았습니다. 글을 다 써 내려갈 때쯤 눈물이 더 이상 흐르지 않았어요. 마음이 평온해진 걸 알아챘습니다. 신기했어요. 글쓰기에 이런 매력이 있었다니, 글의 힘을 알게 된 날이었습니다. 그날 이후로 전 꼭 한 편이 아니더라도, 블로그가 아니더라도 글을 씁니다. 있었던 일을 그대로 느낀 감정을 솔직히 적습니다. 매일 글 한 편 써야지! 잘 써야지! 두 주먹 불끈 쥐지 않아도 됩니다. 그냥 마음 가는 대로 아무렇게나 써도 좋습니다. 단어 하나만 써도 문장 하나만 적어도 괜찮습니다. 이렇다 할 글 한 편 쓰는 게, 책 한 권 내는 게 목표가 아니라 매일 글 쓰는 것이 목표입니다. 어떤 상황에도 글쓰기를 선택했으면 하는 바람입니다. 블로그, 독서 노트 아니면 일기장, 메모장도 좋습니다. 오늘의 흔적을 남기는 일은 기록이자 기적입니다.

행복한 사람은 행복할 수 없을 때조차 행복을 느끼는 사람이고, 긍정적인 사람은 도저히 긍정적일 수 없을 때 긍정을 발휘하는 사람입니다. 글 쓰는 사람은 어떨까요? 네 맞습니다. 쓰기 힘들다 싶은 날에도 글을 쓰는 사람이지요. 바로 인생 작가입니다. 밀고 당기며 연애하듯 때론 한 편의 글을 쓰기도 하고, 어느 날엔 한 문장, 한 단어만 남기기도 하면서 글과 사랑에 푹 빠져봅니다. 도저히 쓰기 힘들다 싶은 날에도 *끄적끄적*.

어렵고 힘든 일을 해야 하는 이유

—————————————————————— 서영식

글쓰기를 배우고 나서 매일 블로그에 글을 씁니다. 24년 4월 14일 기준 300일째 글을 쓰고 있습니다. 글을 쓰다 보면 어려운 고비가 옵니다. '백지의 공포'라고도 합니다. 창작하는 작가, 예술가, 디자이너 같은 사람들이 빈 화면에서 무엇을 할지 모르는 상태입니다. 글쓰기를 하면서 비슷한 경험을 했습니다. 블로그에 글을 쓸 때, 어떤 걸 쓸지 도저히 생각이 안 떠오를 때가 있습니다. 글쓰기 아이디어가 떠오르지 않을 때 어떻게 할지 방법을 찾아봤습니다.

『쇼생크탈출』,『미저리』등을 쓴 유명한 소설가인 스티븐 킹은 백지의 공포를 극복하는 자신만의 방법을 책에서 설명합니다.『유혹하는 글쓰기』중 〈창작론〉에 나오는 내용입니다. 책에서 소개하는 백지의 공포를 극복하는 방법입니다. 첫째, 매일 일정한 시간과 장소에서 씁니다. 자신만의 글쓰기 장소를 정하고 같은 시간에 글을 쓰면 됩니다. 둘째, 매일 일정한 단어를 씁니다. 글쓰기 분량을 정하고 글을 씁니다. 셋째, 자유롭게 마음대로 써봅니다. 부담을 내려놓고 쓰고 싶은 글을 마음대로 씁니다. 넷째, 독서를 합니다. 책을 읽고 글쓰기 주제에 대한 영감을 얻습니다. 다섯째, 짧고 간략하게 씁니다. 문장이 길지 않게 명확하게 글을 씁니다.

스티븐 킹이 알려준 방법을 몇 가지 활용하고 있습니다. 매일 점심시간에 회사에서 블로그를 씁니다. 30분 정도 되는 시간을 활용해서 쓰고 있습니다. 혹시라도 점심시간에 글을 못 쓴 경우는 잠들기 전에 씁니다. 꾸준하게 쓰는 습관이 들면 글쓰기가 덜 힘들게 느껴집니다. 글감이 잘 안 떠오를 때는 그냥 낙서합니다. 생각나는 대로 '끄적끄적'이다 보면 하고 싶은 말이 생각납니다. 독서는 글감을 찾는 가장 좋은 도구입니다. 주말에 한 번씩 도서관에 갑니다. 읽고 싶은 책의 주제를 정하고 관련 책을 찾아봅니다. 읽고 싶은 책과 비슷한 주제의 책이 같은 장소에 있습니다. 책의 제목과 저자를 봅니다. 목차를 읽고 책을 고릅니다. 한 번에 일곱 권의 책을 빌려옵니다. 글쓰기에 필요한 내용이 많이 있습니다. 회사에서 하는 북러닝을 매월 신청합니다. 북러닝은 한 달에 한 권의 책을 읽고 과제를 제출합니다. 북러닝에서 고른 책에서도 글감을 찾습니다. 글을 쓰기 어려운 이유는 '멋진' 글을 '잘' 쓰고 싶다는 마음이 있기 때문입니다. 일단 '잘' 쓰려는 마음의 부담을 내려놓으면 한 줄의 글을 쓰는 부담이 줄어듭니다.

글은 쓰면 쓸수록 는다고 합니다. 타고난 재능보다는 꾸준히 노력하고 연습하면 됩니다. 혼자서 배울 수도 있습니다. 책을 읽거나 유튜브 시청, 인터넷 검색을 통해 글쓰기 방법을 찾을 수 있습니다. 글쓰기 수업을 듣고 있습니다. 함께하는 작가들을 만날 수 있어서 많은 도움이 됩니다. 같은 일하는 사람은 공감대가 형성됩니다. 글쓰기 방법과 다양한 책을 소개받습니다. 몰랐던 사실을 알게 되고 제가 알고 있는 정보와 지식도 공유합니다. 혼자서 하는 것보다는 제대로 배웁니다. 함께하는 작가와의 커뮤니티가 있는 것이 좋습니다. 글을 쓸 때 어려움을 빨리 극복할 수 있습니다.

2023년에 공저를 다섯 권 출간했습니다. 『오늘이 전부인 것처럼』, 『그 문장이 내게로 왔다』, 『인생은 습관이 전부다』, 『어쩌다 글쓰기 노하우』, 『당신에게 멈추는 시간을 선물합니다』입니다. 공저는 마감 일자가 정해져 있습니다. 정해진 일정에 맞춰서 글을 써야만 합니다. 강제성을 스스로 부여하는 것도 글쓰기에 도움이 됩니다. 공저를 출간하기 위해 초고를 쓸 때입니다. 심한 감기, 몸살에 걸려서 움직이기도 힘들었습니다. 정신이 육체를 지배한다고 합니다. 몸이 아파서 끙끙 앓고 있다가도 글을 써야 한다는 생각에 머리에 수건을 두르고 글을 쓴 적도 있습니다. 마감이 정해진 글은 어떻게든 마무리를 할 수 있는 원동력이 되기도 합니다.

자이언트 책 쓰기 수업에서 자주 듣는 말이 있습니다. 글을 쓰려면 즐거워야 합니다. 내가 행복해야 신나는 글을 쓸 수 있습니다. 인생에는 오르막, 내리막이 있습니다. 항상 즐거운 일이 있진 않습니다. 어렵고 힘든 일이 있어도 즐거운 생각은 할 수 있습니다. 상황이 복잡하고 힘들 때 통제할 수 있는 것은 내 마음입니다. 글을 쓰면서 달라진 부분입니다. 예전에는 고민과 걱정이 많았습니다.

표정도 굳어 있었습니다. 지금은 주위에서 피부가 좋아졌다고 합니다. 표정이 밝아지고 잘 웃으니까 다르게 보이는가 봅니다.

글을 잘 쓸 수 있는 비법이라는 콘텐츠가 많습니다. 책 쓰는 방법에 대한 특급 비법을 알려준다고 합니다. 글을 쓰고 싶은 마음에 글쓰기 관련 책을 많이 찾아서 읽었습니다. 글쓰기를 배우고 나서는 책을 고를 때 작가가 어떤 과정을 거쳐서 글을 썼는지를 봅니다. 작가의 경험이 묻어 있는 글과 어디선가 본 듯한 글은 차이가 납니다. 글쓰기의 어렵고 힘든 과정을 생생하게 써놓은 경험담이 있는 글을 좋아합니다. 글쓰기의 비법이라고 해서 몇 가지만 기억하면 된다는 글은 믿음이 가지 않습니다.

글쓰기의 특별한 비법은 없습니다. 그냥 계속 써야 합니다. 내가 쓴 글이 나의 경험이자 인생입니다. 글을 쓰는 궁극적인 목적과 이유에 대해 배웠습니다. 빨리 글을 써서 책을 출간하는 게 목적이 아닙니다. 글쓰기를 통해 삶을 더 좋게 만들 수 있습니다. 사람마다 쓸 내용이 다릅니다. 어떤 글이든 자신만의 이야기가 있습니다. 내가 살아온 이야기를 글로 남기면 됩니다. 앞으로 살아가고 싶은 모습에 대한 글도 좋습니다. 글을 쓰고 달라진 인생을 사는 사람을 찾아보면 많이 있습니다. 함께 글쓰기를 배우는 자이언트 작가는 다양한 직업을 가지고 있습니다. 교사, 간호사, 직장인, 전업주부, 강사 등등입니다. 글을 쓰는 작가의 공통점은 글을 쓰기 전과 후의 삶이 달라졌다고 합니다.

글쓰기를 왜 하고 싶은지, 글쓰기가 어렵고 힘든 이유에 대해 주위 사람들에게 물어봤습니다. 글을 쓰고 싶은 이유는 나만의 기록을 남기고 싶어서라고 합니다. 쓰기가 어려운 이유는 무엇을 쓸지, 어떻게 써야 할지 모르겠다고 합니다. 저도 그랬습니다. 글쓰기는 특별한 재능이 있는 사람이 쓴다고 생각했습니다. 내가 무슨 글을 쓰나, 너무 평범한 인생이라는 생각을 했습니다. 예전부터 글을 쓰는 사람은 특별하다는 편견이 있었습니다. 글을 쓰기 시작한 후부터는 생각이 바뀌었습니다. 누구나 언제든 글을 쓸 수 있습니다. 글쓰기가 어려운 순간에도 한 줄은 쓸 수 있습니다. 제가 몸이 아파서 힘들었던 순간에 오히려 글을 쓰고 싶다는 마음이 더 불타올랐습니다. 편리한 세상입니다. 쉽고 편한 것만 찾으려고 합니다. 어렵고 힘든 일을 계속 반복하면 쉬운 일로 바꿀 수 있습니다. 글을 계속 쓰는 일이 쓸 수 있는 유일한 방법입니다.

05

유럽 여행 비행기 안에서도

이경숙

"나는 여기 오려고 어젯밤 늦게까지 겨우 업무 마쳤네."

"말도 마. 나는 여기 오려고 한 달 전부터 죽을 똥 살 똥 모르고 일했다니까. 며칠 전부터는 소화도 안 돼서 내 손으로 죽을 다 쑤어 먹었어. 어찌나 힘들었는지……"

"난 열흘 동안 '죽었다.' 하고 했지. 나 없는 동안 젊은 동료들한테 말 듣기 싫어서."

친구들 말에 나는 아무 말도 할 수 없었다. 일거리를 가지고 왔다고 하면 몰매 맞을 분위기다. 비행기 좌석을 예약할 수 있다는 공지가 있었는데 미리 하지 않았다. 공항에 와서 키오스크로 하면 된다고 생각해서였다. 다섯 명 좌석을 정하려는데 늦게 해서인지 연이어서 앉을 수 있는 번호가 없었다. 다섯이 뿔뿔이 흩어져 앉아야 했다. 친구들은 아쉬워했는데 나만 속으로 쾌재를 불렀다.

이 글은 프랑크푸르트로 향하는 비행기 안에서 쓰고 있다. 방금

기내식으로 식사를 마친 후라서 모두 자는 분위기다. 껌껌한 비행기 안에서 혼자만 불을 켜고 있다. 공저 일정을 확인하지 않은 내 불찰 때문이다. 일정 확인도 하지 않고 덜컥 신청했다. 다음 주쯤 시작하지 않을까 하는 마음으로 했는데 바로 어제 공지가 떴다. 다음 주 수요일까지 초고를 내야 한다고. 오늘은 목요일. 친구들과 생전 처음으로 유럽 여행 가기로 한 첫날이다. 몇 년 전 모임에서 유럽 여행 가자고 얘기 나온 후로 회비도 인상했다. 지금껏 모은 돈으로는 유럽 가려면 한참 더 걸린다고. 이미 작년 8월에 예약해 둔 여행이다. 모두 일하고 있어서 일정 조율하느라 오래 걸렸다.

공저 일정 때문에 여행 가방에 아이패드를 넣었다. 거의 사용하지 않는 물건이다. 혹시 필요할까 해서 중고로 사두었다. 예전에 학원 운영할 때 사용해본 적 있지만 글을 쓰는 용도는 아니었다. 학원 시스템에 접속해 학생들 관리하는 용도로만 썼기에 아이패드에 대해 모른다. 더구나 이미 7, 8년 전 일이다. 디지털 기계에서 7, 8년 전이면 고조선이나 다름없을 것이다. 마지막 짐 싸는 걸 옆에서 본 딸이 놀란다. 친구들 다 놀고 있는데 엄마 혼자 글 쓰고 있을 거냐고. 그게 무슨 여행이냐며. 늦게 퇴근해온 남편도 거든다.

"친구들 보기 안 좋아. 민폐야. 민폐. 친구들 기분까지 망칠 일 있어?"

"맞아 엄마, 엄마가 언제 또 유럽에 갈 일 있을 거 같아?"

못 들은 척하고 그냥 아이패드를 에코 백에 밀어 넣었다. 기내 반입 물품일 거 같아서. 캐리어에 넣을까 하다가 검색해 보니 역시나 기내 반입해야 한다고 나와 있다. 못 말리겠다는 표정으로 남편과 딸아이가 방으로 들어가 버렸다. 거실에 있는 내 책상에 앉아 아이패드를 꺼내 보았다. 목차와 글쓰기 양식을 다운로드해서 가져가야 하는데, 어떻게 하는지 모르겠다. 가뜩이나 그렇게 가면 안 된다며 뭐라고 한 딸에게 물어볼 수도 없다. 혼자 끙끙거리며 이것저것 눌러 보는데 안 된다. '나 이거 해야 하는데 어쩌지?' 새벽에 출발하려면 일찍 자야 하는데 말이 통하지 않는 기계는 내 마음을 몰라준다. 내가 이거 못하면 팀에게 민폐 끼칠 텐데. 아이패드를 들고 가봐야 옛날 갓 쓴 양반에게 쥐여 준 스마트 폰일 텐데. 눈물이 났다. '내가 왜 일정 확인을 하지 않았던가.' 하며 내 자신을 책망했다. 나 때문에 공저 일정이 틀어질 수도 있다고 생각하니 겁이 났다. 다른 작가들에게 짐이 되지 않으려고 애쓰는데 민폐를 끼칠 수 있다는 생각에 한참 동안 멍해졌다. 혼자 30분쯤 씨름하다가 공저 주관 선생님께 카톡을 넣었다.

'제가 노트북을 가져가기에는 너무 부담스러워 아이패드를 가져가려는데 사용이 서툴러서 힘듭니다. 목차 내려 받기도 어렵습니다. 안 되어서 한참을 하는 데도……. 이번 공저는 포기하겠습니다. 죄송합니다.' 한참 동안 답을 기다렸다.

'공저 포기는 과거에도 없었고 앞으로도 없습니다.'

선생님의 답은 단호했다. 새벽에 일찍 나가려면 잠을 자야 한다. 안 되는 걸 붙들고 있을 수 없다. 자리에 누웠다. 잠이 안 든다. 한 시간 이상 뒤척였다. 어떻게 해야 할까?

아까 옆에서 얘기했던 둘째의 말이 귓가에서 맴돈다.

"최선의 시나리오는 열네 시간 비행기 타는 동안에 거기서 쓰는 걸 텐데……"

아이패드는 안 되지만 새벽에 일어나자마자 컴퓨터에서 양식을 내려 받았다. 내가 쓸 수 있는 틀로 만들어 카톡으로 내게 보내두 었다. 지금까지도 나름의 방법은 없다. 일단은 비행기 안에서 손으 로 노트에 쓰는 수밖에. 친구들 눈치 보는 것도 겁나지만 공저 팀 에게 피해 끼치는 건 더 싫으니까. 손으로 적은 다음 방법은 나중 에 찾아보자. 노트북을 켜고 있는 나를 보더니 둘째가 말한다. 곧 출발해야 하는데 노트북을 켰냐고. 아직 운전이 서툰데도 엄마가 무거운 캐리어 들고 가는 게 안타까운지 공항까지 태워 준다고 회 사에 월차를 냈다고 한다. 얼른 덮고 서둘렀다. 그렇게 집에서 출 발했는데. 친구들과 따로 앉을 수 있다. 세관 통과하느라 줄을 서 있었다. 옆의 한 친구에게 말했다. 난 비행기 안에서 글을 써야 한 다고. 그 친구가 말했다. 긴 시간 타야 하는데 심심치는 않겠다고.

비행기 안은 조용하다. 아까까지 왔다 갔다 하던 승무원들도 보 이지 않는다. 내 옆의 부부도 조용하다. 남편분이 자상하게 아내 손잡고 화장실에 다녀오더니 다시 조용해졌다. 나만 종이 위에 사 각사각 내 안의 이야기를 풀어내고 있다. 아이패드에 어떻게 옮겨 야 할지는 나중에 생각해야 한다.

주변 여건상 글을 쓸 수 없는 상황이어도, 기분이 가라앉아 쓸 수 없어도 작가는 써야 한다. 단 몇 줄이라도. 내 직업이 작가라고 생각한다면. 매주 주말이면 학교 근처에서 지내는 막내가 온다. 집 에 와서 서너 시간 쉬고 나면 가방 메고 카페에 간다. 공부해야 한 다고. 가끔은 혼자 가기 싫을 때 언니들에게 묻는다. 카페에 같이 갈 거냐고. 주말 하룻밤 자고 나면 다음 날 점심 전후로 돌아간다. 가서 공부해야 한다고. 대학원생이니까. 직업이 학생이니까. 막내를 보며 생각한다. 나는 직업이 작가인데 뭐 하고 있나 하고. 그런 막내를 보며 나도 주말에 내 책상에 앉는다. 주말에도 쉬지 않는 악덕 기업주냐는 남편의 원성을 뒤로하고서.

06

걱정마 항상 써 왔으니 결국 쓰게 될 거야!

—— 이선희

글 쓰는 일은 언어를 갖는 일이다. 기억의 복구작업이기도 하다. 처음에는 그저 노트북 두들겼다. 지금은 메모지에 끄적거린다. 일상의 반복 작업이다. 쓰기는 쉽지 않다. 그러나 쓰고 나면 힘이 생긴다. 나의 삶을 재구성하는 일이기도 하다. 오늘은 무엇을 쓸까? 메모지에 마구 적기 시작했다. 왜 쓰지. 누구에게 쓸까? 이러한 고민이 30분 넘게 글 쓰는 일을 가로막고 있다. 그러나 걱정할 건 없다. 그동안 못 쓰는 글 계속 써왔다. 쓰다 보니 블로그 글 500개가 넘었다. 나의 경험 사소한 것이 한 편의 글이 되고 삶이 되어 이야기를 만든다.

자이언트에 와서 작가님이 시키는 대로 쓰기 시작했다. 처음에는 말도 안 되는 글이다. 그러나 길고 긴 "삶" 속에서의 숱한 경험들이 나를 쓰게 만들었다. 기억의 파편들을 모아 책을 집필했다. 나를 정의하는 한 단어는 무조건 존재한다고 하는데 어떤 단어로 나를 표현할 수 있을까? 바로 열정이다. 무엇이든 해 보려고 마음먹으면 하고 마는 성격이다. 그래서 해냄이란 1인기업의 이름도 나와 딱 닮았다. 오늘은 작지만, 매일 일상을 쓰고 있는 나를 돌아보며 글을 끄적거린다.

"작가는 가슴에 구멍이 난 사람이다. 그 구멍을 언어로 메운다."
『은유』 중(中)

내가 쓰는 언어가 곧 나다. 글쓰기는 상처를 드러내고 치유하는 일 중 가장 저렴한 방법이다. 드러내고 보여주다 보면 큰 문제가 작은 일이 된다. 은유 작가의 말대로 나의 가슴에 난 구멍을 언어로 메우기 위해 글쓰기 작가가 되었다. 작가 꿈같은 이야기다. 감히 '내가 작가가 될 수 있다니' 초등학교 때 공부 못해서 자주 기남이와 남았다. 둘이 남아서 화장실 청소했다. 뒷정리하고 난 후 선생님이 주는 옥수수빵을 먹었다. 그 와중에도 빵은 맛있었다. 지금 생각하면 창피한 일이다. 숙제 해 오지 않은 날이거나 공부 못해서 남는 날이 많았다. 그 더러운 화장실을 종종 청소한 기억을 떠올린다. 그런 나를 보고 기남이가 "선희야 너 글 쓰는 작가가 되었다며, 대단하다. 이선희." 놀리기도 한다.

이렇게 부족했던 내가 매일 글을 쓰고 있다. 요즘도 매괴 초등학교 친구들 만난다. 충북 감곡면 왕장리에 매산 밑에 있던 학교는 수녀님이 교장 선생님이었다. 매주 한 번은 성지인 매산에 올라갔다. 꽤 유명한 성당이다. 수요일이면 올라가서 기도하고 내려왔던 기억이 난다. 또 하나의 기억은 예전에 구호 물자를 받았다. 미국 사람들이 보낸 맞지 않은 큰 속옷을 받았던 기억이 있다. 집에 가지고 오며 커서 맞는 사람 하나도 없다. 미국에 원조받던 시절이었다. 매괴초등학교를 5학년까지 다니고 6학년 때 장호원 초등학교로 전학을 왔다. 학교가 없어진 것이다. 2년 전에 그 학교 교장 선생님이 매괴국민학교 5년 다닌 친구들에게 졸업장을 주었다. 초등학교 졸업장이 두 개다. 지금은 장호원 초등학교 친구들도 만나지만 아직도 옛정은 어린 시절 함께 추억을 나누던 매괴국민학교 친구들이다. 소중한 기억의 창고이면서 철없던 풋풋한 이야기다.

내가 생각지도 않게 라이팅 글쓰기 코치가 되었다. 한 작가님 소개로 자이언트 이은대 작가를 만났다. 첫인상 무섭게 보였다. 동기부여의 달인이다. 그동안 숱한 강의 들었다. 이곳저곳 다니며 강사가 되기 위한 공부 열심히 한 나였다. 그런데 매주 세 번 이상 만나 동기부여 하는 사람은 처음이다. 수요일 오전 목요일 야간 토요일 오전 이렇게 듣고 있다. 다른 건 몰라도 시키는 일, 과제 잘하는 사람이 나다. 나는 이은대 작가 수업 중에 하는 말, 블로그 쓰는 일이 나를 알리는 일이며 글쓰기 습관 잡기 가장 좋은 작업이다. 매일 일상을 쓸 수 있다고 강조했다. 나중에 알리지 말고 지금 바로 시작하라! 이렇게 말하면 바로 시작한다. 내 안에 "위대함이 있다. 나를 정의하는 단어 열정."이다. 열심히만 쓴다고 글 잘 쓸 수 없다. 효율적으로 전략을 세워야 한다. 매일 같은 시간에 일어나 하나의 스토리 작성해서 올리고 있다. 새벽 다섯 시 50분 정도 일어난다. 보통 잠자는 시간이 새벽 한 시에서 두 시다. 도저히 더 일찍 일어날 수 없다. 그래서 6시쯤 기상해서 차 한잔으로 리추얼 한다. 그리고 노트북 켜고 메모장에 끄적거린다.

예전 아이들에게 놀림도 당하고 나머지 공부하던 내가 이제 매일 글을 쓰는 작가가 되었다. 다른 사람들 글도 쓸 수 있게 동기부여도 하고 코칭도 해 준다. 현재, 해냄 공저 1기 열 명의 책이 곧 출간될 예정이다. 해냄 공저 2기는 2차 퇴고 중이다. 삶이 이렇게 달라진 이유가 무엇일까? 생각해 보니 작가님 시키는 대로 그냥 해낸 덕분이다. 그저 매일 쓰고 있다. 못 쓰는 글을 자주 많이 쓰다 보면 글이 좋아진다. 아직도 가끔은 의문이 들지만, 다른 특별한 방법이 없다. 그래서 그냥 쓴다. 더 좋은 아이디어가 떠오를 때까지 이 방법을 지속할 것이다.

나는 프로다. 가치를 파는 사람이다. 나의 글로 다른 사람을 돕는 사람이니, 오늘도 쓰고 내일도 쓸 것이다. 이것이 나의 위대함이다. 작은 행동의 반복은 위대한 일이다. 위대함은 행동으로 나타난다. 열정을 유지하기 위해서도 365일 쓴다. 매일 하는 일이 바로 도다. 아침마다 블로그 올리고 공저도 다섯 권째다. 이렇게 쓰기 위해 존재하고 있다. 이번 글쓰기 주제를 받고도 무엇을 써야 할지 처음에는 갈팡질팡이다. 매일 생각하고 고민한다. 그런데 메모장에 낙서하고 이 책 저 책도 들추어 본다. 그러면 쓸 말이 생각한다. 이것이 나의 글쓰기 방법이다. 처음으로 하는 일은 오늘 일어난 일의 키워드를 적는다. 키워드 적다 보면 키워드 안에서 건질 수 있는 쓸 말, 기억이 떠오른다. 하루 전 일도 잘 기억하지 못하는 것, 망각의 동물인 사람이다. 일기를 써야 하는 가장 큰 이유도 기록을 통해 기억을 보관할 수 있기 때문이다. 못 쓰는 글이라도 매일 써야 하는 이유이다. 둘째. 핵심 메시지를 만든다. 내가 쓰고자 하는 주제 오늘 독자에게 전하고 싶은 핵심 메시지로 시작하는 것이다. 셋째. 이유를 적어나간다. 내가 왜 써야 하는지 근거 세 개 정도 쓰는 일이다. 그리고 자기 경험 두 개 정도 얹어서 집필한다. 마무리는 역시 핵심 메시지다. 이렇게 하면 한 꼭지 글, 완성이다.

다른 사람에게 돈을 받는 사람은 이미 프로다. 나 스스로 이렇게 정의한다. 글쓰기 프로는 이렇게 매일 블로그에 글 올리는 사람이다. 블로그 쓰는 이유는 글로 나의 가치를 파는 것이다. 내가 누구인지 무엇을 하는 사람인지 온라인으로 나의 이력서를 써나가고 있다. 내가 잘 쓰려고 걱정하고 안달한다고 글이 좋아지는 것 아니다. '걱정하지 않는다. 항상 써왔으니, 오늘도 그냥 한 꼭지 쓰는 일이다. 쓰지 않고 살기에는 아까운 나를 가장 사랑하는 일은, 나의 경험을 정리해서 누군가 나와 비슷한 상황에 있는 사람을 돕는 일이다. 그저 쓴다. 두려움이 도망갈 때까지!

07

못 말리는 불도저

이성애

'도저히 안 되겠네, 어떻게 하지?'

살다 보면 도저히 안 되겠네, 어떻게 하지? 하는 생각이 들 때가 한두 번이 아니었습니다. 이런 생각이 들 때면 일단 일을 저질러 놓고 봅니다. 글을 쓸 때도 마찬가지였습니다. 도저히 못 쓰겠다 싶을 때도 일단 책을 쓰겠다고 선언부터 해버렸습니다. 고민만 하고 있다 보면 해결되지 않은 체, 상황은 더욱 악화되는 경우가 많았기 때문입니다.

오십 년 동안 부부로 살아오면서 남편은 말합니다.
"당신이 불도저야? 무조건 밀어붙이기만 하면 다야?"
남편은 종종 투덜거립니다. 이런 핀잔을 받는 데는 그만한 이유가 있습니다. 우리가 운영하던 농장이 재개발 지역이 되었습니다. 그동안 키워왔던 나무들을 옮겨갈 토지를 사야 했습니다. 마을 사람들은 이사 갈 집을 구하느라 정신이 없었습니다. 우리는 살 집은 나중이고 나무 옮겨 심을 땅 사는 게 급했습니다. 사람이야 적당한 곳으로 이사 가면 됩니다. 나무를 옮기는 일은 집을 옮기는 이사와는 비교할 수도 없이 복잡합니다. 땅이 배수는 잘 되는지 바람이 채이지는 않은지 챙겨야 할 것들이 한둘이 아니거든요. 그때 마침 부동산 사무실에서 근처에 있는 땅을 소개해주었습니다. 땅을 보고 온 남편은 마음에는 드는데 덩어리가 커서 돈이 부족하다며 아쉬워했습니다. 그 이야기를 들은 나는 당신 마음에 들면 계약하자고 했습니다. 돈이야 토지보상금 받아서 갚으면 되니까 그때까지 대출받자고 했지요. 내 말을 들은 남편은 "글쎄…"라며 망설이다 속내를 말했습니다. 대출을 받아도 한두 푼이지 그렇게 큰돈을 어떻게 받느냐고. 그리고 이자는 어떻게 감당하려고 그러느냐며 대책 없는 소리는 하지도 말라고 했습니다. 잠도 안 자고 늘어나는 게 이잣돈이라고요. 그도 그럴 것이 우리 남편, 남의 돈이 무섭다는 거 잘 알고 있습니다. 시아버님이 사업하다 부도를 맞아 이자 갚아내느라 죽도록 고생한 적이 있었거든요. 하지만 그런 사정을 알면서도 남편을 설득했습니다. 농장이 서울에서 떨어져 있으면 당장 나무 판로에 지장이 있잖아요. 그리고 농장을 먼 곳에 두면 나무를 따라 이사를 하든가 관리인을 두어야 하는데 그렇게 되면 이자 갚는 것보다 더 복잡한 일들이 생길 거라고요.

결국 남편의 마음을 움직여 토지 계약을 했습니다. 여기까지는 잘 진행되었습니다. 그러나 막상 계약하고 보니 미처 생각지도 못했던 일들이 발생했습니다. 나온다는 토지 보상 일정이 자꾸 미루어졌습니다. 이자 날이 다가오면 돈이란 돈은 다 끌어모으느라 발을 동동 굴려야 했습니다. 게다가 일반 땅을 나무가 잘 자랄 수 있는 농원으로 만들려니 식구들 고생이 이루 말할 수가 없었습니다. 굴착기를 맞춰 놓았는데 반나절도 안 지나 비가 왔습니다. 비가 오면 장비대와 인건비를 고스란히 물어줘야 했습니다. 돈이 문제가 아니었습니다. 비가 와서 일을 끝내지 못했는데도 장비는 그다음 장소로 가버렸습니다. 장비 없이 일하는 것은 남편과 직원들 몫이었습니다. 새벽밥 먹고 나가서 밤늦게까지 일을 해도 티가 나지 않았습니다. 겉으로 내색은 안 했지만, 저도 지칠 대로 지쳐갔습니다. 대여섯 사람 식사와 새참 거리를 일 년을 넘게 해댔으니까요. 아침 먹고 나가면 국수 삶아 새참 준비했습니다. 바로 이어 점심 준비도 했지요. 설거지도 못 했는데 또 새참 준비를 해야 했습니다. 주말이니 휴일도 없이 날마다 이 일을 하다 보니 몸이 성한 데 없었습니다. '남편이 망설일 때 그냥 놔둘걸. 괜히 땅을 사라고 부추겨서 고생을 사서 하니 누구를 원망하겠습니까?'

인생을 살며 그렇게 저질렀던 일들이 글을 쓰는 데도 똑같이 생기고 말았습니다. 독서모임에도 참여하고 글도 겨우 쓰곤 하였습니다. 어느 날 손주에게 폭탄선언을 했습니다. "서현아! 할머니도 책을 쓸 거야. 할머니 칠순 잔칫날 손님들 모시고 출판기념회를 할 거거든. 어때 할머니 멋지지?" 미쳐도 단단히 미쳤지요. 글쓰기가 어려워 강의 후기도 못 쓰는 주제에 책 쓰겠다고 선언하다니요. 그러나 어찌하겠습니까? 말을 이미 입 밖으로 뱉고 말았으니 어떻게든 써내야 했습니다. 저는 단순해서 상황이 벌어지면 밀어붙이기를 잘합니다. '어떻게 되겠지!' 하는 심정으로 이은대 작가님께 목차 신청을 했습니다. 칠순 잔칫날이 일 년밖에 남지 않았거든요. 목차를 받고 보니 설렜습니다. 나도 내 이름으로 책을 낼 수 있겠다며 기뻐했습니다. 글쓰기 강의도 빠지지 않고 들었습니다. 강의 시간에 문장 구성에 맞춰 글 쓰는 법도 배웠습니다. 매주 목요일 실시간으로 가르쳐 주시는 문장 수업의 내용을 그대로 따라 하면 쓸 수 있을 것 같았습니다. 글을 쓰려고 책상에 앉았습니다. 백지가 눈앞에 놓였습니다. 무엇을 쓰기는 써야 하는데 하얀 종이에 기가 질려 손가락이 움직여지지 않았습니다. 누가 첫 줄에다 어떤 말이라도 한 줄만 써주면 이어서 쓸 수 있을 것만 같았습니다. 참 희한한 일입니다. 강의 들었을 때는 수업 받은 대로 쓰면 될 줄 알았습니다. 그런데 그게 아니었습니다. 그렇게 며칠을 백지와 끙끙 대며 시간만 보내고 있었습니다.

글쓰기 강의를 듣던 중에 이은대 작가님께서 "○○○ 작가님 어제 뭐 했어요." 같이 강의 듣는 수강생 한 분에게 물었습니다. 그리곤 수강생이 하는 말을 그대로 받아적었습니다. 이어 주제 정하는 거나 메시지 뽑는 요령을 보여 주었습니다. '아! 저렇게 하면 쓸 수 있겠다.' 싶었지요. 따라 해봤습니다.

'어제 뭐 했더라?' 손주와 아침 책 읽기, 남편 치과, 딸과 세금 이야기, 새로 들어온 직원과 면담. 어제 한 일을 적었습니다. 그중에 남편과 치과 간 이야기를 써볼까? 했습니다. 막상 쓰려니 치과는 남들도 다 가는 이야기라 뻔한 글감이란 생각이 들었습니다. 좀 특별한 것이 없을까 메모한 쪽지를 쳐다봤습니다. 드디어 찾았습니다. 우리 집안의 뜨거운 논점 거리인 증여세에 대해 써볼까 그래이 글감이 괜찮겠다 싶었습니다. 며칠 전에 식구들이 모여 증여세에 대해 의논한 것들이 있으니 이것을 정리하는 글을 쓰면 될 것 같았습니다. 그러나 글로 옮기려니 말과는 달랐습니다. 말로는 다 될 것 같은데, 글로는 쉽게 안 써지더라고요. 고기도 먹어본 놈이 먹는다고 하잖아요. 글쓰기를 안 해 본 내가 아무리 좋은 글쓰기 방법을 배웠어도 한 줄 쓰기가 어려웠습니다.

독서모임에서 책 읽은 내용을 블로그에 쓰기 시작했습니다. 글을 쓸 줄을 모르니 책 읽은 문장 중에서 좋은 글귀가 나오면 줄을 치고 그것을 사진 찍어 블로그에 올렸습니다. 어느 날 포스팅 잘 보고 간다고 댓글이 달렸습니다. 고마웠습니다. 그분의 블로그에 답글을 남겼습니다. 엉터리로 쓴 블로그에 잘 보고 간다고 해 주셔서 감사합니다. 앞으로 더 잘 쓰라는 응원으로 알고 책에 줄만 긋지 않고 두세 줄이라도 써보겠다고 했습니다. 답글에 이렇게 써주었습니다. '처음은 다 그렇게 시작하는 겁니다. 일단 시작했다는 것이 대단하십니다. 잘하셨어요.' 이것이 계기가 되어 한 줄 두 줄 쓰다 보니 제법 글을 써가는 재미가 붙었습니다. 도저히 글을 쓰기 힘든 날에도 일단 저지르고 봅니다. 나는 아무도 못 말리는 불도저이니까요.

08

사는 게 꽃 같네

이은설

"이 선생님이 어머니 화장품을 다 썼다고 합니다."

"예? 뭐라고요?" 어이가 없다. 기가 탁 막혔다. 화장이라고는 근처에 가지 않는 나에게 마른하늘에 날벼락 같은 소리로 들렸다.

"지금은 심각한 상태입니다. 어머님은 이 선생님이 그만둔 것으로 알고 있습니다." 한 달 만에 처음으로 주말에 한 번 쉬겠다고 했는데, 그것을 그만둔 것으로 안다는 것은 뭔가 다른 뜻이 있는 것 같았다. 아무 생각 없이 멍청하게 있다가 보호자로부터 해고 통지를 전화로 받았다. 평소에도 변덕이 심하고 약간의 치매 증상이 있었지만, 이 정도라고는 미처 생각하지 못했다.

"주말에 쉬고 월요일 출근하면 안 되겠습니까."

"지금으로서는 안 될 것 같습니다. 그동안 고마웠습니다. 짐은 경비실에 맡겨 둘 테니 찾아가세요." 일방적인 통보였다. 가슴이 답답하고 울화가 치밀었다. 누구에게도 하소연할 수가 없었다. 요양보호사는 이렇게 당하며 살아야 하는가 보다. 머리가 복잡했다.

내가 손에 들고 있던 귀한 무엇 하나 세상에 냉큼 빼앗긴 기분이 들었다. 이것이 현실이다. 차라리 담담하게 받아들이기로 했다. 나의 의사와 상관없이 그만두라고 하는 데 내가 매달릴 필요도 이유도 없었다. 여의도에 볼일이 있어서 아파트 경비실로 갔다. 짐은 경비실에 없었다. 짐을 찾으러 왔다고 전화하고 볼일을 보다가 다시 들러서 짐을 찾아왔다. 짐이라야 양치 컵과 치약, 칫솔, 근무할 때 입는 앞치마가 전부였다.

사는 게 꽃 같네. 한잔하고 힘내! 고민 걱정을 비어! 포차 천국이 당신의 꿈을 응원합니다. 벽면에 붙은 문구를 보면서 문을 밀고 들어갔다. 내가 포차 천국의 어깨에 기댈 줄은 몰랐다. 말로만 듣던 혼술을 했다. 사는 게 꽃 같았으면 좋겠는데 나의 현실은 그렇지 못했다. 생맥주 500cc와 닭똥집을 시켰다. 된장국과 밥이 한술 나왔다. 저녁을 먹지 않은 터라 반 공기 정도의 밥에 된장국을 한술 말아먹었다. 그냥 빈 속에 술을 마시는 것보다 된장국으로 밥을 한술 뜨고 술을 먹도록 배려해 준 주인장의 따뜻한 마음이 느껴졌다. 감사했다. 닭똥집은 대학교 때 동기들과 어쩌다 술자리를 하면 나오던 안주다. 그때는 술값 계산할 걱정에 마음 놓고 주문하지 못했다. 한 번씩은 닭똥집이 생각나기도 해서 그냥 시킨 것이다. 오랜만에 생맥주 500cc를 마시고 나니 온몸에 힘이 쭉 빠진 것 같았다. 몸은 휘청거렸지만, 오히려 정신은 말짱했다. 카운터로 가서 계산하고 밖으로 나왔다. 시원한 공기가 느껴졌다. 내가 술에 취하니 세상도 술에 취해 보였다. 포차 천국 바로 옆 건물 5층에 살았다. 엘리베이터가 고장이 나서 계단으로 걸어 올라가야 했다. 힘이 빠진 다리로 휘청거리면서 청소되지 않은 계단을 올라갔다.

술에 취해 약간 비틀거렸지만, 비번을 눌렀다. 머리는 텅 비었고 손가락이 마음대로 움직였다. 다행히 문이 열렸다. 텅 빈 방에 털썩 주저앉았다. 세상살이가 이리도 고달픈가. 내가 어쩌다 이렇게 되었을까. 나는 왜 늘 당하고만 살아야 하나. 온갖 생각이 머릿속을 복잡하게 돌아다녔다. 일기장을 꺼내서 생각나는 대로 써 내려갔다. 눈치 보며 쓰지 못할 이유가 없었다. 술에 약간 취한 상태지만 쓸 수 있어서 고마웠다.

내가 이번 일을 겪으면서 느끼고 생각한 것이 있다면.

첫째, 세상에 많고 많은 것이 사람이다. 마음만 먹으면 일할 곳은 많았다. 익숙함에 빠져 새로운 곳을 만나는 기회를 놓칠 필요 없다. 또 다른 대상자를 만날 수 있는 기회라는 생각이 들었다. 물론 지금 도와드린 분은 여섯 시간 근무라는 장점이 있었다. 쉬는 동안 주간보호센터 근무도 알아볼 수 있을 것이다. 나에게는 재가 센터 근무보다는 주간보호센터 근무가 수월하다.

둘째, 내가 잘못한 것이 없어도 자기들의 입맛에 따라 선택하고 결정되는 것이다. 대상자들은 본인의 편리와 쓸모만 생각한다. 방심하고 무방비 상태로 살아가던 내가 사람 속은 천 길 물속임을 새삼 느끼게 되었다. 능력이 있어야 끌려다니지 않고 주도적인 삶을 살 수 있다.

셋째, 그래도 내가 낫다. 몰라서 묻는 사람보다 힘들지만, 알고 있어서 가르쳐 줄 수 있는 내가 낫다는 어느 핸드폰대리점장의 이야기를 들은 적이 있다. 물질적으로 풍요롭고 경제적으로 어려움이 없지만, 몸이 불편한 이보다 건강한 내가 낫다는 생각이 들었다. 비록 돈을 받고 하는 봉사지만, 남을 도울 수 있는 사람임에 감사했다.

나는 나의 의지대로 내가 하고자 하는 것은 무엇이든지 할 수 있는 사람이다. 지금은 미약하지만, 나는 나아질 수 있는 사람이다. 인생의 두 가지 진실은 불확실성과 회복 탄력성이다. 불확실성은 내가 무슨 일을 하든지 결과는 단정할 수 없다. 그것은 신도 모른다. 기대하지 못한 결과가 나온다면 희망을 품고 다시 시작하면 될 일이다. 물론 말처럼 쉽지 않은 것이 세상살이다. 다시 시작하는 힘 그것이 회복 탄력성이다. 회복 탄력성을 생각하면 희망이 보인다.

이듬해 봄, 미국에 살던 할머니 딸이 한국에 왔다. 마침. 임시로 거주하는 곳이 내가 사는 곳과 가까웠다. 얼굴을 보자고 해서 잠시 만났다. 고모는 나에게 선물을 준다고 이것저것 챙겨왔다. 손가방부터 털 실내화, 작은 사각 쟁반, 과도, 휴대용 약통, 보디로션, 손지갑을 주었다. 내가 받을 입장은 아니었지만, 사양할 수 없었다. 할머니는 내가 근무할 때보다 상태가 많이 나빠졌다고 했다. 남동생이 "누나 우리가 이 선생님을 그렇게 내치지 않았다면 우리 어머니 저렇게 빨리 나빠지지는 않았을 텐데." 하면서 남매간에 이야기를 나누었다고 했다. 내가 모시는 형편이 아니니 뭐라고 할 수 없었다고 말했다. 이미 쏟아진 물이고 날아간 화살이다. 과거는 과거일 따름이다. 처음에는 억울하고 서러웠다. 항상 좋고 늘 나쁠 수만 없는 것이 살아가는 세상이다. 그 당시는 화가 나고 울분이 치밀었지만, 그때 상황으로는 어떻게 할 수가 없었다. 그러나 생각을 바꾸고 마음을 정리하고 나니 오히려 홀가분했다.

　연필과 종이로 야멸찬 세상을 이길 수 있었다. 종이 위에서는 내가 왕이고 임금이 되기 때문이다. 내 맘대로 세상을 만들고 호령하고 야단치고 주무를 수 있었다. 아무리 서럽고 힘들어도 일기장만 있으면 나는 살아갈 힘을 얻었다. 세상에서는 내가 약하고 부족하고 모자랄 수 있지만, 쓰는 시간 동안은 모든 것이 부족함이 없었다. 오히려 행복하고 감사할 수 있었다. 나보다 약하고 거동 불편한 사람들 도우며 살지만, 나는 도움을 받는 것이 아니라 도와주는 사람임에 감사했다. 그냥 묵묵히 쓰다 보니 감사하고 사랑하고 행복할 수 있었다. 포차 천국의 문구 하나 살포시 내 곁에 앉는다. 사는 게 꽃 같지 않으면 어떠랴! 인동초도 눈 속에서 살아남는데.

09

평범한 일상의 기록

— 이현경

고요하고 적막하다. 혼자만의 시간, 아침이다. 아이들이 일어나기 전 책을 읽고, 신문을 펼친다. 오늘의 할 일을 기록한다. 평범한 하루의 시작이지만 미세한 변화가 쌓이는 시간이다. 매일 기록으로 남기는 일상이 나를 조금씩 성장하게 한다. 종이 위에 쓰인 글은 힘을 갖는다. 다이어리에 해야 할 일을 쓴다. 할 일 목록만 쓰는 건 아니다. 다이어리 끄트머리에 가끔은 오늘 힘내자는 위로의 문장도 쓴다. 매일 다를 게 없는 하루지만, 루틴을 지키고자 한다. 저녁에는 일기를 쓰거나 다이어리를 보완한다. 일상을 기록하는 건 어제와 다른 오늘을 마주하는 일이다. 가끔은 보물을 찾은 것 같은 느낌이 든다. 지저분한 책상을 정리하고 당장이라도 새로운 일을 시작할 수 있을 것처럼 생각되는 날이 그렇다. 때로는 글은 쓰고 싶은데 쓸 말이 없다 느껴지기도 한다. 이렇게 막연히 느낄 때는 오늘과 어제 한 일을 다시 떠올린다. 일상에서 쓸 거리를 찾아오는 거다.

일상을 글로 기록하면 좋은 점이 있다. 밥을 천천히 먹는 나를 관찰할 수도 있고, 같이 먹는 사람의 색다른 점을 발견할 수도 있다. 나와 주변을 관찰할 수 있는 거다. 부정적인 마음보다는 긍정적인 마음을 장착할 수 있다. 일상 기록은 의미를 남기기도 한다. 지루하게 반복되는 일상 같지만, 의미 있는 작은 변화를 발견할 수 있다. 글을 쓰니 일상이 달라졌다.

첫째, 일상을 기록하면 나와 주변을 관찰하여 글 쓸 수 있다. 며칠 전 같은 일을 하는 선생님들과 감자 칼국수를 먹었다. 감자 맛이 진했다. 마을버스 타고 세 정거장을 가면 먹을 수 있는 들깨 칼국수 이야기도 하고, 맛깔나던 순댓국집이 문을 닫았다며 아쉬워하며 수다를 떨었다. 아이들이 어릴 때는 맛집을 찾아다닌 적이 없었다. 맛집 이야기를 하는 게 낯설었다. 이제는 동네 맛있는 음식점도 찾아다닐 수 있고, 모임 후 서둘러서 집에 가지 않아도 된다. 아이들이 컸기 때문이기도 하고, 글을 쓰기 시작해서이기도 하다. 선생님들과 점심 식사하고 커피를 마신 후 수업을 시작했다. 선생님들의 이야기를 듣고, 나의 마음도 살폈다. 틈틈이 글 쓰고 있다. 한 줄 쓸 때 있고, 두 줄 쓸 때도 있다. 10여 년 전 아이들이 어릴 때 아이 돌보미 서비스를 이용하며 발을 동동거렸던 예전의 내 모습과 달라진 지금을 관찰했다. 어제 무엇을 했는지 들여다보고, 기분은 어땠는지, 어찌했으면 좋았을 것 같은지, 깨달은 점은 무엇인지를 적는 것이 일상 관찰 글쓰기다.

둘째, 평범한 일상의 기록은 긍정의 기운을 동반한다. 중학생 아이들 학습지를 만들었다. 벚꽃 피고 지는 시기는 중간고사 기간이다. 교과서와 문제집을 살폈다. 거실에서 프린트가 종일 돌아갔다. 동그란 얼굴에 검은색 긴 머리를 한 중학생들이 왔다. 사춘기라 예민하다. 졸려 보였다. 잠 깨우려 어깨를 툭 건드리며 학교생활 질문 건넸다. 학습 이야기를 안 해야 눈을 뜬다. 재잘거리는 사이 학습지를 내밀었다. 잠 깼으니 다시 수업했다. 아이들이 문제를 대충 풀었다. 왜 이렇게 많냐며 투덜거렸다. 학습지 열심히 준비했는데 불평하는 소리가 거슬렀다. 내 마음처럼 하루가 지나가지 않을 때 있다. 감정을 덜어내기 위해 일기 쓰고 자야 하는 날이다. 매일 쓰지는 못한다. 그래도 쓴 날과 안 쓴 날은 달랐다. 도저히 못 쓰겠다 싶은 날에는 노트에 한 줄 썼다. 그렇게 쓰고 나면 말로 내뱉지 않아도 조금 시원했다.

지난 3월 신학기, 새로운 마음으로 미용실에 갔었다. 머리는 늘 긴 편이다. 미용실에 가는 목적은 단 한 가지다. 머리 손질에 들어가는 시간을 줄이기 위해서다. 다만 이번에는 자연스럽게 해달라는 요구사항을 하나 더 이야기했다. 그래서인지 미용실을 나오는 순간 거울 속 내가 어색하지 않았다. 이틀 후 머리를 감았을 때 알았다. 비용과 시간을 들인 티가 안 났다. 오랜만에 파마했는데 아쉬웠다. 머리카락이 날린다. 질끈 묶어버렸다. 오십 넘으니 머리카락도 말을 안 듣는다. 미용실 사장님 탓이 아니다. 음식을 먹어도 영양 성분이 머리카락에 미치지 않는가 보다. 파마가 잘되지 않는 머리카락이면서 자연스럽게 해 달라는 요구한 게 잘못이었을 터다. 몇 년 전 나였더라면 돈 아깝다며 온갖 불평불만 쏟아냈을 거다. 지금은 글을 쓴다. 파마가 잘되지 않은 일에 누구의 탓도 하지 않았다. 그저 그날의 일상을 기록만 했다. 파마 망침이라고.

셋째, 평범한 일상 기록에서 의미를 찾을 수 있다. SNS 글쓰기를 하고 있다. 블로그에 한 권, 두 권 읽은 책 기록 남겼다. 책 제목과 저자, 줄거리라도 남겨 두고 싶었다. 읽은 책은 쌓여가는데 책의 내용이 기억에서 사라졌다. 아까웠다. 블로그에 기록해 두면 나중에 찾아볼 수 있겠다 싶었다. 아이들 책 소개도 하고, 자기계발을 하면서 읽은 도서의 서평도 남겼다. 인스타와 브런치 글도 썼다. 기록이란 점을 찍는 일이다. SNS 기록이 의미 있게 연결되리라 생각한다.

글 쓰는 루틴을 정했다. 우선, 쓰는 시간을 정해두고 썼다. 종이에 떠오르는 낱말을 적었다. 쓸 게 떠오르지 않을 때는 멀뚱멀뚱 앉아 있을 때도 많았다. 쓰기 힘든 날에는 쓰면서 생각했다. 사는 일도 그렇지만 글도 의도와 상관없이 흘러갈 때 많다. 쓰기 힘들었는데 뜻하지 않게 이야기가 이어지는 날 있다. 앞 문장이 꼬리를 물었다. 문장과 표현이 마음에 안 들어도 이어갔다. 아침 시간 15분 동안 나와의 약속을 글로 썼다. 쓰고 나면 마음이 평안해졌다. 써서 다행이라고 생각했다. 건조기를 사용하니 없었던 때로 돌아가기 싫은 것처럼 글 쓰니 쓰지 않았던 때로 돌아가지 못할 것 같다. 다음으로는 하루에 한 줄이라도 쓰기로 했다. 본 것, 관찰한 것, 느낀 것을 적었다. 책 읽은 내용 한 문장이라도 썼다. 글을 쓸 때는 노트를 펼쳤다. 노트에 한 줄, 두 줄이 쌓여갔다. 마지막으로 SNS를 활용하고자 했다. 매일 쓰지는 못하더라도 블로그와 인스타를 글 쓰는 도구의 하나로 정해 꾸준히 쓰고자 했다.

아이들을 돌보며 정신없이 하루를 보낼 때가 많았다. 글을 쓰기 전에는 스마트폰을 만지작거리다가 잠이 들었다. 누워서 스마트폰을 손가락으로 넘기는 시간이 하루를 위로하는 유일한 시간이었다. 글을 쓰기 시작한 이후 순간순간을 기록하고 있다. 평범한 일상이 글이 되었다. 감자 칼국수가 맛있다고 쓸 수 있고, 파마 망쳤다고 글 쓸 수 있어 행복하다. 논술 수업 시간에 집중하지 않는 아이들 때문에 속상했던 마음도 생각나고, 아들과 사소한 일로 목소리가 커졌던 일도 떠오른다. 불평불만을 내뱉는 상황, 눈앞에 닥친 힘든 상황만을 생각하지 않는다. 평범한 일상 뒤집어 보면 모두 글감이다. 일상을 낯설게 보면 하루를 지내며 보물찾기를 할 수 있다. 소소한 일들에서 글감 모으고 사유하는 연습 필요하다. 마음 속 이야깃거리에 말을 걸어본다.

10

나무에서 배우는 글쓰기

— 정인구

"당신은 벚꽃을 볼 자격이 있습니까?"

글쓰기 수업받던 중 강사가 이런 질문을 했다. 무슨 말일까요? "나무는 비가 오나 눈이 오나 바람이 부나 천둥이 치거나 영하의 추운 겨울에도 하루도 쉬지 않고 뿌리를 뻗어 영양분을 공급한다. 그런 수고가 있었기에 아름다운 벚꽃을 피울 수 있었다. 내가 추구하는 일이 무엇이든 나무처럼 365일 노력한 사람이 아니라면 벚꽃을 볼 자격이 없다는 말"이었다. 벚나무가 쉬지 않고 영양분을 공급하듯, 계속 글을 쓰라는 말을 빗대어 한 말이다. 벚꽃을 보러 가지 말고 사람들이 나를 보러 오도록 나를 가꾸어 가라는 말도 덧붙였다.

2022년 12월. 미라클 모닝(아주 특별한 아침 만들기) 회원들과 함께 매일 글 한 편을 써서 단체 카톡방에 올리기로 했다. 어떤 날에는 글이 술술 잘 써지는 날이 있는가 하면, 어떤 날에는 쓸 내용이 없어 모니터만 켜고 한참을 고민하다 자정이 임박해서 꾸역꾸역 올리기도 했다. 어떤 회원은 자정 넘겨 올리기도 하고, 두 편을 한꺼번에 올리는 이도 있었다. 어쨌든 365일 억지로나마 매일 글을 썼다. 6명이 완주했다.

지금은 매일 블로그 한 편을 쓰고 있다. '아~ 진짜 이거 계속 써야 하나?' 포기하고 싶은 날도 있다. 글이 쉽게 써질 때는 드물다. 아내와 다투는 날은 글쓰기고 뭐고, 다 때려치우고 싶을 때도 있다. 그런 날은 일기에 아내 욕을 실컷 하고 나면 속이 후련해진다. 반성하는 마음에 블로그를 열어 글쓰기 버튼을 클릭한다. 명색이 글쓰기 코치인데, 수강생이 내 글을 보면 어떻게 평가할까? 얼굴이 화끈거릴 때도 있다. 비공개로 할까? 망설여진다. 그래도 블로그 발행 버튼을 누른다.

인생사가 다 그런 것 같다. 억수로 운이 좋고 뭐든 술술 잘 풀리는 날이 있다. 반면 이유 없이 상사가 짜증을 내고 나에게 분풀이할 때도 있다. 나의 노력이나 열정과는 상관없다. 특별한 이유도 없다. 글쓰기도 마찬가지다. 글쓰기가 잘 되는 날은 문제가 없지만 힘들고 막히고 답답한 날 그런 경우 어떻게 하면 좋을까. 나무에서 배워보자.

첫째, 나무가 뿌리를 깊게 내리듯, 작가도 글을 쓰기 위해 깊은 지식과 이해가 필요하다. 나무가 튼튼한 뿌리를 갖지 않고서는 건강하게 자랄 수 없는 것처럼, 글쓰기의 토대도 창의력과 사실에 대한 깊은 이해에서 비롯된다. 쓰기 힘든 날은 책을 읽자. 좋은 글의 기초는 독서다. 독서를 통해 사고의 폭을 넓히고 깊게 뿌리내리면 좋은 글을 쓸 수 있다. 6년 넘게 독서모임을 운영해 왔다. 처음에는 줄거리 중심으로 독서했지만, 이은대 작가의 수업을 통해 지금은 '문장 독서'를 하고 있다. 문장 독서는 책 속에서 인상 깊은 문장을 골라(대담하게 행동하려면 높은 수준의 자신감이 필요하다), 그 문장에 자기 생각과 경험을 덧붙여 나만의 문장을 만드는 방법이다. (자신만만한 아이로 키우려면 엄마의 신뢰가 필요하다) 이렇게 만든 문장을 바탕으로 글을 쓴다. 글쓰기 싫은 날, 책을 읽다보면 글 쓰고 싶은 충동이 생긴다. 독서는 글쓰기의 중요한 관문이며, 글쓰기를 계속할 기회의 문을 열어준다. 독서는 입력이고, 글쓰기는 출력이다. 풍부한 입력은 풍성한 글을 만든다.

둘째, 나무는 비가 오고 천둥이 치는 날에도, 햇볕이 따뜻하게 내리쬐는 날에도 묵묵히 제 자리를 지킨다. 비가 올 때는 온몸으로 비를 맞으며, 천둥이 칠 때도 꼿꼿이 하늘을 향해 서 있다. 햇볕이 따뜻한 날은 잎을 활짝 펼쳐 햇살을 만끽한다. 비와 천둥을 참고 견디며 햇볕을 기다리는 게 나무의 삶이다. 글쓰기도 비슷하다. 때로는 사건과 사고로 자료가 풍부해 글이 술술 써지는 날이 있고, 아무 일 없이 평화로운 날도 있다. 글을 쓰고 싶지 않은 날이나 시간이 없어 자정이 넘어 새벽 한 시에 겨우 글을 완성하는 날도 있다. 글쓰기에 '좋은 날'은 드물다. 그런데도 꾸역꾸역 *끄적끄적* 그냥 쓴다. 496일째다.

셋째, 한 번에 거목이 되려고 안달복달하지 않는다. 나무는 빨리 성장해 거목이 되려고 욕심 내지 않는다. 40도가 넘는 더위도, 영하 40도의 추위도 있다. 나무는 겨울이 되면 수액의 흐름을 줄이고, 수액 농도를 높여 수액이 얼지 않도록 한다. 단번에 베스트셀러 작가가 될 수 없다. 필력 높이는 데 일기 쓰기가 좋다고 해서 일기를 쓰기 시작했다. 쓰다 말기를 반복했다. 그러다가 손바닥 크기 메모수첩에 일기를 썼다. 약속 장소에서 기다리는 시간, 지하철 안, 식당 대기 시간 등 장소와 시간에 구애받지 않고 쓸 수 있었다. 처음 한바닥 쓰다가 양쪽 바닥까지 넘쳤다. 지금은 A5 크기 일기장에 매일 쓴다. 중요한 것은 쓸거리가 많은 날이나 적은 날이나 같은 분량을 써야 지치지 않고 쓸 수 있다. 봄을 기다리는 나무처럼 서두르지 않고 짧은 글이라도 계속 쓴다.

나무가 만약 오늘 힘들다며 햇볕을 거부하고 뿌리를 뻗지 않는다면, 생명을 유지할 수 없다. 마찬가지로, 오늘 글 한 편을 썼다면 잘 살아낸 하루다. 오늘 글쓰기를 하지 않았다면, 인생이 잠시 멈춘 날이다. 글이 잘 써진 날은 자신을 응원하고 자축한다. 글이 잘 안 써지는 날에는 지금, 이 순간 최선을 다하고 있는 자신을 따뜻하게 안아주고 위로하는 것이 필요하다. 글쓰기는 좋은 날도 있고 그렇지 않은 날도 있다는 사실을 받아들여야 한다. 오늘은 메모 한바닥, 일기 한 페이지, 독서 노트 몇 줄만 쓴다는 생각으로 글쓰기에 임한다면 글쓰기를 지속할 수 있다.

나무는 부드러운 흙이든 딱딱한 땅이든, 돌짝 위에든 뿌리내려

영양분을 공급하는 것을 쉬지 않는다. 그 덕분에 우리는 시원한 그늘에서 쉴 수 있고, 나무에 기댈 수 있다. 새들에게는 안전한 보금자리를 제공한다. 죽음을 맞이할 때조차도 나무는 사람들에게 필요한 목재로 다시 태어난다. 글쓰기도 이와 다르지 않다. 내가 경험한 어려움과 아픔, 그 어떤 것이든 글로 표현함으로써 같은 상황에 처한 누군가에게 도움을 줄 수 있다. 돕는 마음으로 글을 쓴다면, 그것이 아무리 힘들고 반복적인 일일지라도 글을 쓰지 못할 이유가 없다. 주목(朱木)은 '살아 1,000년, 죽어 1,000년' 별명을 얻었을 정도로 느긋하게 자라고 오래도록 우리와 함께한다. 글도 마찬가지다 다산 정약용 책은 그가 죽은 지 188년이 지난 지금도 많은 사람에게 용기를 주고, 살아갈 희망을 주고, 꿈을 심어 준다. 글은 누군가의 가슴속에 다시 태어난다.

원고지가 된 나무가 내게 말한다. "책 쫌 써라! 인간아~"

11

빈 페이지와의 싸움 아니고 즐거운 만남

—————————————————— 정원희

여행 떠나는 것을 좋아하지만, 짐 싸는 것은 항상 미룬다. 남아 공 케이프타운으로 가기 위해 스무 시간 이상 비행기를 타야 하고, 다섯 번의 기내식을 먹어야 한다. 그런 곳을 세 번이나 다녀왔다. 좋아하고, 하고 싶은 것을 위해 반드시 해야 할 일이 있고, 보내야 하는 시간이 있다. 수학을 절대 하지 않겠다던 아들이 고등학생이 되면서 수학을 위해 매일 네 시간 이상 공부하고 있다. 체육 교사 가 되고 싶은 꿈이 생겼기 때문이다. 하고 싶은 일에 대한 열망이 더 크면 해야 할 일을 참고 이겨 낼 수 있다. 하겠다는 결정도, 하 지 않겠다는 선택도 나의 몫이다.

10년간 매일 쓴 글이 6천 개가 넘는다는 이은대 작가님이 부럽 다. 즉석에서 거침없이 문장을 고쳐나가는 모습에 감탄이 절로 나 온다. 수천 명 앞에서 감동과 동기부여 가득한 강의를 하는 토니 로빈슨 같은 강연가가 되고 싶다.

연습만이 정답입니다. 10년째 매일 꾸준히 쓰고 있습니다. 매년 한 권씩 책을 출간하고 있습니다. 다음 달에는 발리의 환상적인 리조트에서 독자 100명과 함께 글쓰기 캠프를 일주일 동안 진행할 예정입니다.

*

강연을 위해 한 달간 떠납니다. 이번엔 캘리포니아 주입니다. 강의가 없는 날에는 와이너리 투어도 하고 미국 와인에 대한 책도 정리해 보려고 합니다.

내가 만나고 싶은 10년 후 나의 모습이다. 내가 좋아하는 것 두 가지 여행과 글쓰기를 연결하여 삶을 만들어 가고 싶다.

글쓰기를 배운 지 6년, 글을 꾸준히 써 온 시간이 4년째다. 매일 매일 쌓여 그날이 되면 그렇게 연습하며 글쓰기가 나아지고 있다고 자랑하고 싶다. 꾸준히 연습해 온 덕분에 천명 앞에서 강의하면서 내가 살고 싶은 삶을 살게 되었다고 이야기해 주고 싶다.

컴퓨터가 있는 책상에 가서 앉는 일이 제일 힘들다. 몸이 겨우 책상으로 가면 노트북 전원을 켠다. 파일이 열릴 때까지 한참 걸린다. 몇 분 안 되는 시간을 한참이라고 느끼는 건 스마트폰 접속에 이미 익숙해져 있기 때문이다. 컴퓨터 화면이 열리는 동안 그 시간을 참지 못한다. 다른 무언가를 위해 두리번거린다. 겨우 앉게 된 책상에서 결국 글 쓰는 것은 실패이다.

글을 쓰려는 사람에게 가장 어려운 순간은 '쓰기 시작'하는 것이다. 일단 첫 줄을 시작하고 나면 뇌가 도움을 준다고 한다. 뇌의 본성은 움직이기 시작한 후로는 계속 움직이고 싶어 한다는 것이다. 일단 시작하기만 하면 조금 더 수월해진다는 의미이다. 일단 시동을 걸어보는 것이 중요하다. 예열을 위해 너무 많이 기다릴 필요가 없다. 생각이 많아지면 행동이 어렵다. 일단 출발하고 보는 거다.

'일기. 독서 노트. 인스타그램, 블로그 어디에다 써야 하나요?' 자주 받는 질문이다.

"그냥 써라, 제발!"

이은대 작가님의 호통이 귀에 쟁쟁하다. 어디든 상관없다. 그날그날 내가 쓰고 싶은 곳 어디라도 쓰는 것이 중요하다. 욕심을 부리자면 플랫폼마다 매일 하나씩 쓰고 싶다. 욕심을 버린다. 그저 매일 쓰는 것에 집중하자.

매일 쓰는 습관을 만들기 위한 나만의 방법이다.

첫째, 도전 기간을 길게 잡지 않는다. 기간이 너무 길면 중간에 포기할 수 있다. 작심삼일을 백번 한다는 생각으로 일 년을 보낸 적도 있다.

둘째, 글 쓰는 시간을 정한다. 아무 때나 쓸 수 있다고 생각하면 아무 때라도 쓸 수 없다. 하루에 한 시간, 글쓰기만을 위해 시간을 따로 빼놓아야 한 줄이라도 쓸 수 있다. 한 시간이 길면 삼십 분도 괜찮다. 지루함을 없애야 즐길 수 있다.

셋째, 글 쓰는 장소도 정해 보자. 습관이 만들어지고 나면 어디라도 노트를 꺼내고 쓸 수 있다. 그 전까지는 글쓰기만을 위한 장소가 필요하다. 언제든 쓸 수 있도록 펼쳐져 있는 노트, 전원이 켜져 있는 컴퓨터, 읽고 있는 책도 책상 한쪽에 두면 좋겠다.

넷째, 글쓰기 전에 먼저 행하는 나만의 리트릿을 가진다. 좋아하는 일 한 가지를 하고 이어서 글쓰기를 한다. 막 내린 커피 한잔, 좋아하는 향초, 찬물 샤워 등 에너지를 이어갈 수 있는 나만의 의식을 만들고 난 뒤 글쓰기 시작한다.

다섯째, 즐거운 기분으로 글쓰기를 한다. 글쓰기는 인내하며 머리채를 잡고 고군분투할 정도로 엄청난 일이 아니다. 빈 화면이, 빈 종이가 내 생각이 담긴 글로 채워진다. 내가 정한 분량의 글이 마무리되면 작은 성공이 경험이 더해진다.

글쓰기가 기다려지고 즐거워지기 위해서는 공부가 필요하다. 운동도 규칙을 알거나 내가 할 줄 알아야 즐겁다. 악기도 연주할 수 있으면 즐길 수 있다. 글쓰기에 도움이 되는 가장 좋은 공부는 단연코 독서이다. 칼럼을 읽거나 독서를 하면서 글쓰기를 위한 아이디어를 얻어 올 수 있다. 글쓴이의 생각과 다른 내 생각을 정리해 볼 수 있다. 마음에 드는 문장을 하나 가져와서 나만의 문장으로 바꾸기도 한다.

남이 써 놓은 글을 읽는 것이 내 글을 쓰는 것보다 조금 더 편하게 느껴진다. 글 쓰겠다고 정한 시간에 글쓰기 싫어지면 책상 가까이 있는 책을 펼친다. 글쓰기를 위한 독서를 한다. 글을 써야 한다는 생각으로 읽기 때문에 내 글에 가지고 오고 싶은 문장이나 단어가 눈에 잘 들어온다. 글을 읽는 시간은 십 분을 넘기지 않는다. 타이머에 시간을 맞추고 글쓰기를 이어가기 위한 독서였음을 상기시킨다.

그럼에도 글쓰기는 여전히 쉽지 않다. 어떤 일이든 어렵고 힘든 부분이 있다. 문제는 '어렵고 힘들다고 생각하는 것'이 정작 그 일을 하는 것에는 전혀 도움이 안 된다는 것이다. '그냥' 하는 것이다. 하기로 했으니 한다. 하지 않을 다른 이유는 필요 없다. 꾸준히 글쓰기를 하게 되었을 때 만나게 될 기쁨의 순간을 상상하며 오늘도 쓴다.

3장

누가 내 글을 보고
뭐라고 하면 어쩌나

나를 지켜주는 두 종류의 글쓰기

김형준

모든 사물에는 양면이 존재합니다. 밝음과 어둠, 직선과 곡선, 물과 불, 길고 짧음, 뾰족함과 뭉뚝함 등 상반되면서 보완의 관계입니다. 우리에게도 이런 양면이 존재합니다. 잘하는 게 있으면 못하는 게 있고, 노력해도 안 되는 게 있으면 타고난 것도 있습니다. 사람들은 대개 잘하는 것보다 못하는 걸 잘하려고 노력합니다. 노력해서 잘하면 좋겠지만 모든 게 그렇지 않은가 봅니다. 이럴 때 필요한 게 잘하든 못 하든 있는 그대로의 자신을 인정해 주는 태도일 것입니다. 그래야 상호 보완이 될 테니까요.

나를 보여주는 글

7년 전 글을 쓰려고 마음먹었을 때 한 가지 목표가 있었습니다. 유명해지고 싶었습니다. 출발이 늦었지만, 선택이 틀리지 않았다는 걸 유명세로 보여주려고 했습니다. 그런 마음으로 잘 쓰든 못 쓰든 계속 썼습니다. 걸음마를 배우는 아이는 넘어지면서 걷는 법을 배웁니다. 글쓰기도 독자의 쓴소리와 칭찬을 먹으며 점점 좋아집니다. 아무리 열심히 공부하고 많이 써도 독자가 없으면 공염불입니다. 한편으로 독자에게 내 이야기를 꺼낼 용기가 부족했었습니다. 두려웠습니다. 내 이야기를 얼마나 어디까지 꺼내야 하는지 가늠이 안 됐습니다. 설령 꺼내 놓은 들 그들이 읽어줄지 의심도 들었습니다. 또 내 이야기가 그럴만한 가치가 있는지도 궁금했습니다. 흑과 백의 싸움이 이어졌습니다.

갈팡질팡 싸움이 이어지는 동안 생각해 봤습니다. 나는 어떤 글에 마음이 움직이는지를요. 이제까지 읽었던 수많은 책에서 나는 언제 공감했는지 되돌아봤습니다. 누구나 아는 명언, 다른 책에 봤던 사례, 당연히 알고 있는 이치에는 마음이 움직이지 않았습니다. 반대로 저자의 역경, 좌절, 실패 그리고 이를 극복한 이야기에 마음이 움직였었습니다. 그들의 이야기는 절대 사소하지 않았습니다. 저마다 제 마음을 흔들었습니다. 맞습니다. 얼마나 어디까지 보여주느냐가 아니라, 살아온 과정을 더하고 빼지 않고 보여주는 겁니다. '저는 이렇게 살아왔습니다. 후회도 했고 실패도 맛봤고 성취감도 생겼습니다. 여러분은 어떤 삶을 살길 원하세요?'라고 독자에게 말을 거는 글이었습니다.

어떤 글을 쓸지 알고부터 도움이 되겠다는 마음으로 독자에게 말을 걸었습니다. 내 글에 귀 기울이는 독자도, 외면하는 독자도 있었습니다. 과거 우울했던 내 모습에 반감을 보이는 독자도, 그래도 용기 낸 저에게 격려를 보내는 독자도 있었습니다. 중요한 건 과거의 모습만으로는 독자에게 도움을 주지 못합니다. 과거를 통해 지금의 내가 어떤 모습으로 사는지 보여줘야 했습니다. 그래야 내가 다른 저자의 삶에서 배웠듯, 독자도 나의 이야기에서 얻을 게 있을 것입니다. 내가 어떤 삶을 사는지 나부터 알아야 했습니다. 그래서 나를 위한 글, 일기를 쓰기 시작했습니다.

나를 지켜주는 글

책에서 본 근사한 인생을 내 삶으로 가져오고 싶었습니다. 그러기 위해 잘 사는 게 무엇인지 고민해 봤습니다. 경험해 보지 않은 인생이라 답이 쉽게 찾아지지 않았습니다. 답을 찾기 위해 질문을 적었습니다. 일은 나에게 어떤 의미인가? 오늘 나는 어떤 하루를 보냈나? 내일 더 나아지기 위해 오늘 무엇을 해야 하나? 나에게 가치 있는 선택을 내렸나? 얻고 싶은 게 있으면 무엇을 포기할까? 실수를 바로잡기 위해 무엇이 필요한가? 등등 질문이 이어졌습니다. 어떤 질문은 답이 바로 나왔습니다. 다른 질문은 며칠을 고민해도 답이 보이지 않았습니다. 또 답이 없는 질문도 있었습니다. 답을 찾으면 찾는 대로, 찾지 못하면 찾지 못하는 대로 다 의미와 가치가 있었습니다. 질문조차 갖지 않았던 때보다는 분명 더 나은 하루를 살았습니다. 그런 하루가 쌓이면서 나름 근사한 인생을 살게 되었습니다. 수십억 원 부자는 아니어도, 많은 사람의 존경을 받지는 못해도 이전보다 삶이 제법 다듬어졌습니다.

일기를 통해 삶을 다듬어가니 보여지는 모습에도 변화가 생겼습니다. 매일 스스로 정한 규칙을 지키고, 새로운 일에 도전해 성취하고, 실패해도 다시 도전하는 마음가짐으로 살았습니다. 하루하루 살아가는 모습을 '나를 보여주는 글'에 담았습니다. 놓치고 있었던 게 있습니다. 독자의 반응을 기대하기 이전에 스스로 만족해하는 인생을 사는 것입니다. 내가 원해서 선택한 일에 후회 안 하고, 내가 좋아하는 일을 하며 한눈팔지 않고, 남들이 뭐라고 하든 내 기준을 지키는 것입니다. 독자에게 보이기 전에 스스로에게 당당한 삶을 말합니다. 일기는 그런 삶을 살 수 있게 매일 나를 돌아보게 했습니다. '나를 지켜주는 글'은 보이는 나를 잘 살 수 있게 이끌었습니다. 그제야 균형을 맞춰가게 되었습니다.

우리는 둘 중 하나를 선택할 의지가 있습니다. 선택에 따라 결괏값도 달라집니다. 어떤 선택이 더 낫다고 단정 지을 수 없습니다. 중요한 건 선택에 따른 결과를 받아들이는 태도입니다. 원치 않는 결과였다면 다음에 더 나은 선택의 기회로 삼으면 됩니다. 원하는 결과를 얻었다면 거기서 한발 더 나아가면 됩니다. 나를 보여주는 글과 나를 지켜주는 글을 쓰는 이유도 더 나아지기 위해서입니다. 자신은 돌보지 않으면서 남에게 보여주는 글만 쓴다면 결국에는 기름이 바닥난 자동차가 길 한가운데 멈추는 꼴이 될 것입니다. 꾸준히 나를 위한 글도 쓰면서 자신의 상태를 점검하고 기름도 채우면 갑자기 멈추는 일은 없을 것입니다. 어쩌면 이 또한 선택의 문제입니다. 둘 중 하나만 할지, 둘 다 할지는 각자의 선택입니다. 하지만 도로에서 문제없이 달리려면 내 차에 관심 갖고 관리해 주는 게 당연합니다. 작가도 마찬가지입니다. 남에게 관심받기 전에 나부터 돌볼 줄 안다면 당연히 더 좋은 글을 쓰게 될 거로 생각합니다. 항상 자신을 돌보는 삶을 산다면 내 글을 읽고 뭐라고 하는 사람이 있어도 절대 흔들리지 않을 것입니다. 왜냐하면 성격이 다른 두 종류의 글이 나를 지켜주기 때문입니다.

자신만의 색을 드러내자

────────────────────────────────── 서미소

나는 남의 시선을 많이 의식한다. 엄마는 엄마답게, 선생님은 선생님답게 보여야 한다고 생각한다. 자리에 맞지 않게 행동하는 사람을 보면 불편했다. 그래서 융통성이 없다는 말도 많이 듣는다. 주변 반응에 예민했다. 남을 위해 배려한다는 것이 결국 상처만 남겼다. 상대가 요청하지 않는 관심은 오지랖일 뿐이다. 결국 소중한 시간을 낭비했다. 어떻게 사는 게 맞는지 알 수 없었다.

비 오는 날 스님이 주신 보이차를 마신다. 차를 뾰족한 칼로 뜬다. 차를 뜨는 칼이다. 차가 부서지는 걸 막기 위해서다. 전기주전자에서 물 끓는 소리가 난다. 자사호는 보이차를 마시기 위한 차호다. 자사호에 차를 가득 넣었다. 물을 붓고 첫 번째 우린 물은 버린다. 불순물을 제거하기 위해서다. 한 모금 마실 수 있는 작은 잔을 차 받침과 함께 둔다. 찻잔에 진한 갈색이 우러나온다. 잔에 향이 배어 있다. 찻방에 차향으로 가득하다. 찻잔을 코에 대본다. 다시

물을 붓고 이제는 마실 차를 따른다. 차가 담긴 잔을 들고 입에 머금어 본다. 짚 냄새, 흙냄새가 찻방을 채운다. 잔을 비우면 다시 따라 준다. 비가 내린다. 통유리창을 통해 비 오는 풍경을 바라본다. 빗방울이 창문을 타고 내려온다. 비는 산속의 푸른 나무들을 적신다. 빗소리와 차향이 내 몸 안으로 서서히 들어온다.

집에는 정수기가 없다. 인근에 대흥사라는 고찰이 있다. 약수터가 있어 물통에 받아온다. 귀찮지 않느냐고 묻는다. 이십 년 넘게 해 온 일이다. 물이 차 맛을 좌우하는 걸 알기에 감수한다. 비가 내린 뒤에는 물이 싱거워진다. 가물면 짜진다. 집에 차 마시는 공간, 차실이 마련돼 있다. 가로 180cm 찻상이 있다. 이동하기 편리하게 바퀴를 달았다. 다양한 차를 마실 때는 유리 다관이 좋다. 향을 머금지 않아서 차 본연의 맛을 즐길 수 있다. 유리잔, 유약을 바르지 않고 구운 잔, 금잔, 향을 맡는 문향배(聞香杯), 부드러운 라인 또는 투박한 느낌의 잔이 놓여있다. 두께에 따라 입술에 닿는 느낌도 다르다. 엄지와 검지 중지로 잔을 감싸고 약지, 소지는 잔을 받치면 마시기 편리하다. 물 떠오는 날은 차 마시는 날이다. 중국차를 즐겨 마신다. 차 종류는 다양하다. 보이차, 오룡차, 대홍포, 철관음, 금준미 등 차 색과 맛이 다르다. 아들은 차를 선택한다. 각자의 잔에 차를 마신다. 아이들과 함께하는 작은 행복이다.

2005년에 차 공부를 했다. 매주 토요일 오후 2시에 시작한다. 선생님 집에서 수업은 진행된다. 꾸민 듯 꾸밈이 없는 여백의 미. 다관과 차호, 잔이 단아하게 진열장에 올려 있다. 다포에 수가 놓여 있다. 작은 크기의 수를 넣을 때 어떤 마음일까 생각을 멈추게 한다. 공부하는 것도 중요하지만 찻자리를 꾸미는 시간도 공을 들여야 한다고 했다. 무엇을 함에 있어 기본자세와 태도는 중요하다. 장인은 존재한다. 대장장이가 망치질을 수천 번 반복하듯 수십 년간 한 분야에 몰입한다. 깊은 경험과 지식이 스며있다, 끊임없는 성장과 발전의 길을 걷는다. 꾸준함과 반복을 통해 묵묵히 그 길을 걸어간다. 선생님은 칠십을 바라본다. 선생님의 기품을 닮고 싶다. 작은 차 공간에서는 마음이 차분해진다. 내면의 나를 바라본다. 정신없이 바쁘게 산 하루에 나를 위한 나만의 공간에 빠져드는 시간이다.

초의선사의 『동다송』을 읽기 시작한다.

『동다송(東茶頌)』은 조선 후기의 고승 초의(草衣)선사가 정조의 부마 홍해거(洪海居)의 부탁을 받고 쓴 것으로 1837년 한국차(茶)에 대하여 송(頌)형식으로 지은 우리나라 차에 대한 68행의 7언 고시체(古詩體) 송시(頌詩)이다. 차의 덕을 칭송하여 이를 널리 찬미함이니 곧 동국에서 생산되는 차의 미덕을 찬양한 노래이다. 동다송은 그 내용이 생장 개화, 꽃과 싹, 고사, 제다, 제품, 동차 실황, 동차 송찬, 동차 선의 내용으로 구성되어 있다.

[네이버 지식백과] 동다송 [東茶頌] (차생활문화대전, 2012. 7. 10., 정동효, 윤백현, 이영희)

초의선사의 차를 사랑하는 마음이 고스란히 전해진다. 차를 하는 사람을 차인(茶人)이라 부른다. 같은 한자를 쓰고 다인이라 읽기도 한다. 차인은 자신만의 향과 자태를 간직하고 있다. 향기 나는 나로 비춰지고 싶다. 우리는 소중한 존재로 태어난다. 차가 주는 고유한 색과 향이 있듯 나 자신만의 독특한 색채를 드러내야 한다. 지금은 벚꽃이 한창이다. 1년이라는 고난과 역경을 이겨낸 끝에 피어야 할 시기에 만개한 것뿐이다. 벚꽃이 자신만의 화려한 색을 드러내는 것처럼, 인생의 고난, 시련에도 나만의 색을 찾아가야 한다. 어느 날 스님은 책을 읽고 신문 사설을 필사하라고 했다. 깊은 의미를 이해하지 못했다. 하지만 그때는 때가 아니었나 보다. 명확한 목표와 해야 하는 뚜렷함을 몰랐다. 아직 열매가 여물지 않아 받아들일 준비가 되지 않았었다. 누구나 때가 있는 법이다. 진정으로 필요한 때와 시기가 있다는 것을 깨닫는다. 사소한 그 무엇이 나를 변화시킨다. 지금은 나를 위한 시간, 나의 흔적을 남기고 싶다. 이 순간 글을 쓰는 일에 집중해야 한다. 남들이 어떻게 평가할지 생각하지 말자. 생각해야 글을 쓸 수 있고 각자의 경험에 따라 글은 받아들이는 맛이 다르다.

앞날은 아무도 모른다. 미래가 어떻게 펼쳐질지 알 수 없기에 살만하다고 했다. 예측하지 못한 상황들이 오지만 포기하지 않고 회복탄력성을 갖고 살아야 한다. 어떤 선택을 할 것인지가 중요하다.

태어남과 죽음은 내 의지와 상관이 없다. 하지만 삶은 내 영역이다. 내가 어떤 선택을 하고 실행하느냐에 내가 변화한다. 삶의 책장에 어떤 책을, 어떤 사람을 중요한 가치로 끼워 넣을 수 있을까 생각해 본다. 이건 내가 선택 할 수 있다. 주도적으로 채워보고 싶다. '사랑, 사랑하는 존재가 되자'로 채우고 싶다. 우리는 단 한 사람이라는 존재들이다. 어느 날 죽음이 내게 온다면 지금까지 글을 써서 행복했다고 말하고 싶다. 삶이 무엇인가 어떻게 살 것인가 자문하는 내가 있다. 영원한 것은 오늘뿐이라고, 대단한 글을 기대하지 말고 평범한 일상을 대화로 써 내려가 본다.

내 글, 내 인생

서주운

다른 사람의 인생을 살아가는 사람이 많습니다. 다른 사람의 시선, 다른 사람의 평가, 다른 사람의 조언으로 내 인생 인양 살아갑니다. 매사 속 시원하게 결정도 못 합니다. 다른 사람 눈치 보느라 힘듭니다. 나 역시 그랬습니다. 인정받고 칭찬 듣고 싶었지요. 잘하려는 욕심을 내려놓지 못했습니다. 셀카 사진 한 장을 찍어 올릴 때도 좀 더 나은 사진 보여주려고 몇 장을 찍습니다. 남들에게 예쁘다는 소리를 듣고 싶은 거겠지요. 수업 끝나고 나서도 후기를 쓰고는 그 몇 줄 안 되는 글을 고치고 다듬고 몇 분을 소요합니다. 잘 썼다는 말을 듣고 싶어서입니다. 자잘한 선택 앞에서도 다른 사람 조언에 귀 기울입니다. 내 인생인데 말이죠. 중심을 내가 아닌 다른 사람에 두고 살아가는 꼴입니다. 글 한 편을 쓰면서도 누가 내 글을 보고 뭐라고 하면 어쩌나 하고 고민하고 걱정하기도 했습니다. 그런데 살아보니 다른 사람들 나에게 별로 관심 없더라고요. 각자 자기 인생 사느라 바쁩니다. 다른 사람에게 그렇게 신경 쓰지 않는다는 걸 알았습니다. 다른 사람의 시선, 평가, 조언에 신경 쓰는 일이야말로 아무 의미 없는 것이란 걸 깨달았습니다. 다른 사람에 휘둘리지 말고 내 신념대로 자신 있고 당당하게 인생을 살아갔으면 합니다.

아침 6시부터 9시까지 아이들 등교, 등원 시간입니다. 엄마의 역할이 시작되는 시간이지요. 아이가 넷입니다. 그렇다 보니 다른 엄마들보다 등교, 등원 준비시간이 깁니다. 바쁘지만 그 시간 안에 틈새 필사도 하고 모닝 독서도 합니다. 나를 위한 루틴이지요. 2023년 12월 어느 날, 첫째 딸은 방학이라 아직 자고 있습니다. 새벽까지 공부하고 늦게 잠든 모양입니다. 아침 식사 준비를 마치고 6시 40분쯤 둘째 아들을 깨웠습니다. 몇 번을 흔들고 엉덩이를 칩니다. 겨우 일어나 씻고 밥 먹고 등교 준비가 끝나면 차에 태워 중학교에 데려다줍니다. 나가면서 셋째 아들을 깨웁니다. 한 번에 벌떡 일어납니다. 집에 돌아오면 그사이 혼자 알아서 척척척 등교 준비를 모두 마쳐놓습니다. 준비물 확인하고 잘 다녀오라는 인사를 주고받습니다. 걸어서 3분이면 초등학교에 도착합니다. 이제 여섯 살 막내딸만 등원시키면 오전 엄마의 역할은 끝입니다. 어느새 8시 30분이네요. 자는 막내딸을 깨워 세수를 시켰습니다. 눈은 아직 감겨있습니다. 빠르게 수건으로 물기를 닦고 로션을 발라주었습니다. 어제 딸이 유치원 갈 때 입겠다고 한 알록달록 초록색 원피스를 꺼내 입혔습니다. 밥은 안 먹겠다고 말합니다. 유치원 차량 올 시간이 점점 다가옵니다. 남은 시간 10분! 남자아이라면 쓱 머리 빗질로 끝날 텐데요, 여자아이, 그것도 긴 머리카락이라 빗고 묶어 주는 데 시간이 한참 걸립니다. 머리를 빗고 양 갈래로 땋아 올려주고 있는데 딸이 갑자기 머리 위 양손으로 세모나게 모양을 만들며 고양이 머리를 해 달라고 합니다. 도대체 고양이 머리가 뭐야? 어떻게 하는 거야? 처음 들어 본 고양이 머리입니다. 아마도 세모진 고양이 귀처럼 머리 모양을 해달라는 이야기인 것 같았습니다. 벌써 머리카락을 땋았고 유치원 차 올 시간도 다 되어 갑니다. 막내딸에게 엄마가 고양이 머리가 뭔지 모르니 오늘 찾아보고 어떻게 하는지 공부해서 내일 해 주겠다고 말했습니다. 오늘 머리 모양도 진짜 예쁘다고 거울 보면 마음에 쏙 들 거라고 했지요. 막내딸은 그럼 거울 보고 맘에 안 들면 엄마가 다시 해달라고 하며 한달음에 달려가 거울을 봅니다. 그러고는 바로 마음에 안 든다며 눈물 한 바가지를 쏟았습니다. 유치원 차 올 시간이 다 되었습니다. 맘에 안 들어도 할 수 없습니다. 달래보았지만 계속 울면서 유치원 차에 올랐습니다. 늘 웃으며 손가락 하트, 손 하트, 머리 위 하트를 차창 밖으로 보내주던 녀석은 앞만 보고 있습니다. 그렇게 유치원 차는 출발했습니다. 어느 날보다 정성 다해 양 갈래로 예쁘게 머리를 땋아 주었는데 맘에 안 든다고 하니 속상했습니다. 늘 웃으면서 유치원에 가던 딸이 울면서 가는 걸 보니 마음 아팠습니다. 이런 날도 있지 싶다가 막내딸을 보며, 아이에게서 인생을 배웁니다. 아이처럼 살아야겠습니다.

"내일 유치원에 이 원피스 입고 갈 거야!"
"오늘은 고양이 머리 해줘!"
"맘에 들지 않아!"

365페이지를 쓰는 인생

확실하게 본인의 의견을 내고 의사 표현하는 막내딸이 보기 좋기도, 부럽기도 하다는 생각이 들었습니다. '그래, 인생 그렇게 살아야지!' 우린 살아오면서, 어른이 되면서 너무 남들을 의식하고 여러 가지 이해타산을 생각합니다. 이런저런 눈치 보느라 내 목소리, 내 의견 하나를 강하게 내지 못 할 때가 많습니다. 맘에 들지 않아도 맘에 드는 척! 다른 사람을 너무 의식하며 살아갑니다. 한 번인 인생인데 눈치코치 볼 이유 있을까요? 남들에게 피해만 가지 않는다면 의견 분명히 말하고 당당히 요청하고 필요할 땐 거절도 하면서 자신 있게, 멋지게 살아야겠습니다.

다른 사람 눈치 안 보고 평가에 연연하지 말고 원하지 않은 조언에 흔들리지 않으려면 어떻게 해야 할까요? 인생 중심 잡고 자신 있게 당당하게 잘 살아가는 방법 있습니다. 바로 내가 나를 칭찬하고 인정해 주는 것입니다. 매일 하루 10분, 나는 최고다. 나는 충분히 사랑받을 자격이 있다. 나는 잘할 수 있다는 확언을 해 봅니다. 하루를 돌아보며 토닥토닥 멋지다 나를 칭찬하고 인정해 주는 시간입니다. 이 시간을 통해 나의 신념이 생기고 인생 살아가는 데 곧은 확신이 섭니다. 일도 잘 풀립니다. 자존감도 올라갑니다. 이제는 타인의 시선, 평가, 조언에 쉽게 흔들리지 않습니다. 딱! 10분입니다. 오롯이 자신을 사랑하고 자신에게 집중하는 시간 가져보았으면 좋겠습니다. 칭찬일기, 감사일기 써보는 것도 권합니다.

이제 글 자유롭게 씁니다. 이런들 어떻고 저런들 어떻습니까? 이렇게 쓰는 이 글이 바로 나이고 내 인생인걸요. 그냥 씁니다. 내 글을 보고 도움 되었다는 사람 있으면 행복하고 감사한 일입니다. 내 글 보고 뭐라고 하면 그런가 보다 합니다. 그럴 수 있지 받아들입니다. 각자의 생각, 각자의 태도이니 존중합니다. 나는 나다운 글을 쓰면 됩니다. 앞으로도 나답게 글을 쓸 것입니다. 내 글, 내 인생이니까요.

365페이지를 쓰는 인생

글쓰기 불안과 두려움 이겨내기

서영식

글쓰기를 처음 시작할 때 두려움이 있었습니다. 누가 내 글을 읽고 어떤 생각을 할까. 내 속마음을 다 들키는 건 아닐까. 내가 쓴 글에 대해 이러쿵 저러쿵 말하고 다니지는 않을까. 첫 번째 공저 책을 쓸 때 고민이 많았습니다. 내 이름으로 된 첫 번째 책이 나오는데 아는 사람들이 읽는다는 생각에 걱정이 많았습니다. 누군가가 뭐 이렇게 글을 썼냐, 라고 할 것 같은 막연한 불안함이 있었습니다. 불안은 심리학에서 '특정한 대상이 없이 막연히 나타나는 불쾌한 정서적 상태 또는 안도감이나 확신이 상실된 심리 상태'라고 정의합니다. 사전적 의미를 찾아보면 '편안하지 않고 조마조마한 것'이라고 합니다.

인지심리학자인 김경일 교수는 '불안'을 인간이 가장 싫어하는 감정이라고 합니다. 불안은 실체가 없습니다. 머리에서 떠오르는 생각이 꼬리에 꼬리를 물고 불안한 마음이 들게 합니다. 공저 책 출간을 위해 글을 쓰면서 불안한 마음이 스물스물 올라왔습니다. 내가 글을 써도 되나. 이렇게 글을 써도 책을 낼 수 있을까. 처음 공저에 함께 참여한 작가들도 비슷한 마음이었습니다. 서로 괜찮다고 격려해 주면서 끝까지 글을 쓰고 책을 출간할 수 있었습니다.

막상 책이 나오고 나서는 전혀 걱정할 필요가 없는 일이었다는 걸 알게 되었습니다. 첫 번째 공저 책인『글쓰기를 시작합니다』를 2022년 12월 28일에 출간했습니다. 책이 나오고 나서 아는 사람에게 선물도 하고 알렸습니다. 모두 "어떻게 글을 쓰고 책을 냈지. 대단하네요. 글을 잘 쓰시네요." 긍정적인 말을 들었습니다. 내 글을 읽고 어떻게 생각할까, 하는 마음은 완전히 혼자만의 불안이었습니다.

사람은 불확실한 것보다는 확실한 것을 좋아합니다. 선택할 수 있다면 좀 더 확실한 결과가 있는 상황으로 결정합니다. 불안한 마음이 드는 이유는 불확실하기 때문입니다. 결과가 나오면 불안할 필요가 없었던 일도 많이 있습니다. 글을 쓰면서 불안했던 내 마음은 하지 않아도 되는 걱정이었습니다. 사람들은 글을 쓴다는 자체를 높이 평가하고 대단하다고 인정을 해 줍니다. 어떤 평가를 받을까에 대한 내 마음속의 막연한 두려움이었습니다. 어릴 때부터 시험을 치고 평가를 받습니다. 회사에서도 마찬가지입니다. 업무에 대해 성과를 평가하고 결과를 확인합니다. 잘한 일과 잘못한 일이 명확하게 평가됩니다. 그런 일상에 대해서 글쓰기도 같은 기준을 적용하고 혼자서 끙끙대고 있었습니다.

글을 쓰면 두려움을 이겨내는 힘이 생깁니다. 나를 돌아보고 어떤 생각을 하는지 알 수 있게 됩니다. 어떤 상황을 좋아하는지, 싫어하는지 알 수 있습니다. 글을 쓰기 위해 책을 읽습니다. 책을 통해서 간접 경험을 할 수 있습니다. 작가의 생각을 들여다보고 나와 비슷한 상황을 경험하고 이겨낸 사례를 알 수 있습니다. 지금은 글을 쓸 때 두려워하지 않습니다. 글쓰기를 배운 지 2년이 넘었습니다. 본격적으로 글을 쓰기 시작한 것은 1년이 조금 넘었습니다. 그동안 삶이 많이 달라졌습니다.

첫째, 글쓰기의 두려움을 극복했습니다. 누가 내 글을 읽고 어떤 생각을 할지에 대한 불안함이 없어졌습니다. 글쓰기는 누군가를 돕기 위한 활동입니다. 나쁜 일도 아닌데 왜 두려워했을까 하는 생각이 듭니다. 내가 어려운 일이 있을 때마다 책을 읽고 도움을 많이 받았습니다. 누군가에게 나의 경험을 통해 도움을 줄 수 있기를 바라는 마음으로 글을 씁니다. 보이지 않았던 두려움은 매일 글을 쓰면서 점점 사라졌습니다.

둘째, 다양한 사람을 만나게 되었습니다. 글쓰기를 배우고 책을 출간하고 작가가 되었습니다. 작가모임을 통해 여러 사람을 만납니다. 글쓰기를 함께하는 작가 중에 스피치 수업을 하는 강사도 있습니다. 작년에 스피치 수업을 듣고 발표불안을 극복할 수 있었습니다. 글을 쓰기 전에는 만나는 사람이 정해져 있었습니다. 회사와 관련된 사람들만 만났습니다. 글쓰기를 시작하고 다양한 직업의 사람을 만나서 이야기를 듣습니다. 필요한 정보도 얻었고 저도 도움을 주었습니다. 예전엔 하나의 색이었다고 하면 지금은 다양한 색깔로 삶이 변했습니다.

셋째, 나만의 새로운 일이 생겼습니다. 주말에 도서관에 가서 책을 빌려서 읽고, 카페에서 글을 씁니다. 글을 쓰기 전엔 집에서 종일 TV를 봤습니다. 리모컨과 소파와 합체가 되어서 뒹굴었습니다. 몸과 마음은 편안했지만 뭔가 허전한 느낌이었습니다. 지금은 주말에 책을 읽고 글을 쓰고 나면 뿌듯한 마음이 듭니다. 시간을 그냥 흘러보내는 느낌이 들지 않습니다. 생산적인 작업을 통해 시간을 단단하게 관리한다는 생각이 듭니다. 글쓰기를 통해 나와 대화하는 시간을 가집니다. 나를 더 잘 돌아봅니다. 외부 상황에 흔들리지 않고 나의 중심을 잡습니다. 감정관리를 할 수 있는 능력(?)도 생겼습니다. 흥분하지 않고 한 번 더 생각하게 됩니다. 글쓰기를 하면서 삶이 더 입체적으로 변했습니다. 그냥 보내던 일상도 글감으로 보입니다. 하루의 의미를 더 다르게 생각하게 됩니다.

어릴 때 〈전설의 고향〉을 봤습니다. 무서웠습니다. 밤에 이불을 뒤집어쓰고 "귀신 나왔어? 없어지면 말해줘." 하고 꽁꽁 숨어 있었던 기억이 납니다. 예상하지 못했던 순간에 귀신이 나오면 깜짝 놀라고 그 모습이 계속 기억에 남아서 잠을 설치기도 했습니다. 귀신이 나오는 순간엔 깜짝 놀랍니다. 나타나기 전이 더 무섭기도 합니다. 음산한 음악이 나오고 밤에 달이 뜨고 꼭 귀신이 나올 것만 같은 장면이 있으면 긴장합니다. 글쓰기는 무서운 활동이 아닙니다. 귀신이 나오기 전에는 무섭지만, 용기를 가지면 볼 수 있었습니다. 글쓰기도 비슷합니다. 나를 드러내는 일이 쉽지는 않습니다. 내 마음속에 있는 이야기를 꺼낸다는 것은 '용기'가 필요합니다. 처음에 나를 보여주고 싶지 않다면 일기를 써도 됩니다. 일기는 나만 볼 수 있는 나의 이야기입니다.

어린아이가 처음 걸음마를 배울 때도 갑자기 벌떡 일어나서 걷지는 않습니다. 가만히 누워만 있다가 어느 순간 머리를 고정할 수 있게 됩니다. 뒤집기를 하고 배밀이도 합니다. 기어다닙니다. 손에 붙잡히는 걸 잡고 일어서기 시작합니다. 뒤뚱뒤뚱 걷다가 마침내 완전히 걸을 수 있게 됩니다.

처음부터 세상을 뒤집어 놓겠다며 글을 쓰려 하면 글쓰기가 힘들어집니다. 한 줄씩이라도 세상에 나의 이야기를 쓰기 시작하면 됩니다. 블로그에 글을 쓰면서 세상에 하고 싶은 말을 하고 있습니다. 나의 글은 누구도 쓸 수 없는 나만의 글입니다. 79억 인구 중에 나와 똑같은 사람은 한 명도 없습니다. 눈에 보이지 않는 불안한 마음을 없애는 방법은 그 일을 하는 것입니다. 조금씩 나를 알리고 글을 쓰기 시작하면 불안의 실체가 보입니다. 불확실이 확실로 바뀝니다. 글을 써서 세상에 도움을 줄 수 있는 일을 할 수 있다는 확신을 가집니다. 매일 글을 쓰게 되면 행복한 일로 바뀝니다.

05

뻔뻔하게 쓰기

———————————— 이경숙

"저는 중학교 1학년 이후로 '나는 글을 못 쓰는 사람'이라는 낙인을 찍고 살았습니다. 중학교 때 독후감 숙제를 하기 어려워 남의 독후감을 베껴서 낸 후로 스스로 그런 생각을 했습니다. 가끔 보고 들은 내 경험을 쓸 때는 그냥 편안하게 쓰는 거 같다고 느꼈지만, 여전히 나는 글을 못 쓴다고 생각했거든요. 글을 못 쓴다는 생각은 50이 넘은 나이에도 여전했죠. 학원을 운영하면서도 글을 쓰지 못한다는 생각 때문에 무려 8년간 매월 써야 하는 수강료 고지서를 작성하지 못했습니다. 학원 일과는 무관한 남편에게 작성해 달라고 했죠. 8년 동안 열두 달을 곱해보니 거의 100번에 가까운 기회였더군요. 그때 수강료 고지서만 제가 직접 작성했어도 지금보다는 글 쓰는 실력이 나아지지 않았을까 하는 생각이 들어요."

글쓰기 특강을 진행할 때 매번 하는 이야기이다. 사실이다. 나는 단 한 번도 내가 글을 쓸 수 있는 사람이라는 생각을 해 본 적이 없었다. 그럼에도 어쩌다 보니 글을 쓰고 있고 작가라는 직업으로 활동하고 있다. 배웠기에 가능한 일이다. 우연한 기회에 글쓰기 수업을 듣게 되었다. 책을 쓸 수 있었다. 왜 나는 그동안 글을 쓸 수 없다고 생각했을까. 곰곰 생각해 보았다. 바로 두려움 때문이었다. 누군가가 내 글을 읽고 "뭐야, 왜 이렇게 못 썼어?"라고 말할까 봐 지레 겁을 먹었다. 바꾸어 말한다면 다른 사람의 비난이 듣기 싫어서였다. 글이란 쓸수록 좋아진다는 걸 몰랐기 때문이었다.

처음부터 글을 잘 쓰는 사람이 몇이나 될까? 우리가 알고 있는 유명한 작가들도 처음 글은 생각보다 형편없는 경우가 많다고 한다. 나의 글쓰기 선생님은 가끔 얘기한다. 우리가 이미 알고 있는 박경리 선생의 글 말고, 그분이 쓴 첫 번째 글의 초고와 여러분의 초고를 비교해 보아야 한다고. 아무리 유명한 작가라도 그 사람의 첫 글 초고는 우리의 상상을 깨는 정도라고. 그 말을 들은 후로는 겁먹을 필요가 없겠다 싶었다. 일단 글을 쓴 후, 고쳐 쓰면 되니까.

얼마 전 내 책에 대한 리뷰를 쓴 사람이 있을까 하는 생각에 검색해 보았다. 출간된 지 벌써 1년이 넘어서 한동안 신경 쓰지 않았는데 궁금했다. 어떤 독자가 쓴 글이 눈에 들어왔다. '작가의 네 아이가 남자아이였다면 독서와 약간의 사교육만으로 가능했을까? 작가가 가난하지 않고 부자였다면 과연 이렇게 교육시켰을까?'라고 쓰여 있었다. 부모의 의지만 있다면 남자아이들이었어도 가능하다고 생각한다. 직접 해보면 알 수 있는데 실천해 보지 않고 미리 하는 걱정이다. 남자아이들을 자기 주도 방식으로 키웠다는 책도 많다. 단, 다 큰 아이들을 이 방법으로 해보겠다고 하면 백전백패다. 아직 어릴 때 습관을 잡아주면 충분히 가능한 일이다. '작가가 가난하지 않았어도 이렇게 했을까라는 질문은 내게 아픈 말이었다. 괜히 머리가 쭈뼛하는 느낌이었다. 나의 아픈 곳을 찔린 것 같았다. 내 감정을 빼고 답을 한다면 '그렇다'이다. 어릴 때 주도력이 생기면 어른이 된 후에도 자기 스스로 행동하고 갈 길도 잘 찾아간다고 생각하기 때문이다. 여기서 내가 그 독자의 블로그에 댓글을 달았다면 아마 싸움만 되었을 것이다. 내가 느끼는 것, 내가 생각하는 바가 그와 다르다고 굳이 토를 달 필요가 없기에 공감이나 댓글을 달지 않고 나왔다. 그렇게 생각하는 것은 그 독자의 자유이기 때문이다. 그의 자유까지 내가 빼앗을 이유는 없다. 반대로 나도 다른 작가의 글을 읽고 그 작가의 의견과 다를 수 있다. 내가 다른 의견을 말했을 때 그 작가가 건건이 답을 하고 해명한다면 우습지 않을까?

이렇게 내 글에 대해 부정적인 말을 하는 사람이 있을 때 내가 할 수 있는 반응에 대해 생각해 본다. 첫째, 감정적으로 대응하지 않기이다. 감정적으로 대응하면 싸움이 될 수 있다. 싸우다 보면 의도하지 않게 말실수를 할 수 있다. 가까운 사람과 이런 일이 생긴다면 내 감정이 어느 정도 가라앉았을 때 차분하게 얘기하면서 서로의 오해를 풀 수도 있다. 하지만 내가 모르는 독자라면 불가능한 일이다.

둘째, 냉정하게 대응하기이다. 앞에서 말했던 것처럼 감정에 휘말려 대응하게 되면 내 의도와는 다른 방향으로 풀릴 가능성이 높다. 나도 모르게 내 무덤을 팔 수도 있다. 먼저 심호흡을 하고 생각을 정리한다. 내 생각이 제대로 정리된 후에 대응하면 즉시 감정적으로 대응할 때보다 훨씬 좋은 방향으로 풀어갈 수 있다.

셋째, 그의 의견을 존중하나 극단적인 경우는 무시하기이다. 상대의 말이 내 생각과 다르더라도 그의 의견을 존중해 줄 필요가 있다. 그렇게 생각하는 건 그의 자유이니까. 하지만 그의 의견이 나를 심하게 힘들게 하거나 나의 가치관을 크게 흔드는 경우라면 나도 견디기 어렵다. 그런 말은 그냥 무시하면 된다. 맞받아치면 큰 싸움만 될 것이고 쌍방에게 득 될 일이 없기 때문이다.

초보 작가는 뻔뻔하게 글을 써야 한다고 글쓰기 선생님은 얘기한다. 위대한 작가인 양 스스로 당당해하면서 쓰라고 한다. 초보 작가가 뻔뻔하지 않았다면 이 세상에는 책이라는 물건이 한 권도 없었을 것이라고. 생각해 보면 맞다. 누군가 용기를 내었고 그 용기가 책이 되었다. 나는 못 쓴다고 생각하면서 누군가 내 글을 못 썼다고 말하면 어떡하나 생각할 필요 없다. 어떤가. 내 글을 흉보는 그 사람의 글은 어떨까? 단언컨대 그 사람도 내 글과 비슷할 것이다. 왜냐하면 정말 실력 있는 사람이라면 굳이 내 글을 읽지 않을 것이기 때문이다. 세상에 읽어야 할 책이나 글이 얼마나 많은데 나보다 훨씬 잘 쓰는 사람이 내 글을 읽고 있겠는가? 글을 읽지 않을 독자까지 염두에 두면서 걱정할 필요는 없다. 내 글을 읽어줄 내 독자만 생각하면 된다. 내 글을 읽는 독자는 내 실력만큼이다. 나 쓰고 싶은 대로 쓰면 내 글을 논하거나 폄하하지 않을 것이다. 그냥 나 쓰고 싶은 대로 쓰면 된다. 누군가를 해치려는 의도로 쓰지만 않는다면. 어차피 글이란 독자에게 도움을 주려는 마음으로 쓰는 것이니까.

내 글이 좋아지려면 수없이 써야 한다. 피아노 연주나 수영, 운전 같은 경우 연습이 필요하다. 연습하지 않고 내가 원하는 만큼 잘할 수 없다. 글쓰기도 마찬가지다. 쓰지 않고 좋아질 수 없다. 내가 잘 쓰고 싶다고 하루아침에 뚝딱 잘 써지지 않는다. 참으면서 쓰고 또 쓰는 것만이 내가 잘 쓸 수 있는 길이다. 내가 나아가는 길에 누군가가 좋지 않은 말을 한다고 해서 기죽을 필요도 없다. 어떤 위대한 작가라도 그 과정을 거쳤을 테니까. 지금 그런 일을 겪고 있다면 좋은 작가로 가고 있는 길에 서 있다고 생각하면 된다. 그냥 뻔뻔하게 쓰면 된다.

06

첫 줄 공포 질문으로 시작하자!

─────────────────────────────────── 이선희

첫 줄 어떻게 시작하지! 나는 이렇게 시작해 본다. 날씨로 시작할 수 있다. 사건으로 시작할 수 있다. 대화체로 시작할 수 있다. 나만의 정의로 시작할 수 있다. 아니면 질문으로 시작할 수 있다. 여러 가지 방법을 동원해 본다. 가장 어려운 글쓰기 첫 줄이다. 요 부분만 통과하면 그럭저럭 써진다. 그중에서 나에게 잘 맞는 방법은 질문으로 시작하는 방법이다. 나는 질문을 좋아한다. 코칭을 통해 질문과 가까워졌다. 스스로에게 질문하고 답을 구하며 쓰는 방법이다. 이은대 작가님이 수업 중에 가장 많이 사용하는 질문 "어제 뭐 했어요." 이렇게 물으면 처음에는 기억나지 않는지 구겨진 모호한 얼굴이다. 그러나 다시 물으면 환하게 웃으며 반드시 대답한다. 수업 중 들은 질문 중 가장 기억에 남는 대답은 진도에 사는 작가님이 자신이 딸이 동네에 돌아다니는 개에게 물렸다고 한다. 처음에는 개 주인이 미안해했다. 치료가 지속되고 오래가니 오히려 적반하장이다. 아이가 오랫동안 치료받고 아파하는 것도 힘든

일인데 개를 풀어놓아서 다친 아이 치료 오래 걸린다고 짜증 내는 모습에 마음에 상처까지 받았다는 이야기 들었다. 엄마의 입장에서 화나고 속상한 일이다. 이렇게 작가에게 묻고 듣기 하면서 말로 풀고 메모한다. 일상에서 일어난 것을 글로 붙잡아 두는 힘은 질문을 통해서 의미를 확장하고, *끄적끄적* 쓴 다음 그것을 정리한다. 그런 다음 핵심 메시지 뽑고 이유 적고 경험으로 확대하며 마지막 메시지로 마무리한다. 이렇게 하는 것이 질문을 통한 글쓰기 방법이다. 이런 과정은 글과 삶이 만나는 과정이기도 하다.

글 쓰는 일에 자신 있다고 하는 사람 없다. 당연하다. 글쓰기를 제대로 배운 적이 없다. 배운 적이 없는데 어찌 잘 쓸 수 있겠는가. 무엇이든 배워보지 않을 때는 잘 쓰기 어렵다. 자전거 배우는 것도 여러 번 연습한다. 수없이 넘어지는 경험을 거쳐야 잘 탈 수 있다. 그러면 어떻게 하면 글을 잘 쓸 수 있을까? 이런 질문을 자신에게 수시로 던진다. 글 잘 쓰기 위한, 방법 중 중요한 일은 단연코 경험이다. 아이가 개에게 물린 사건은 누구에게나 일어나는 경험 아니다. 내 아이만 겪을 수 있는 특별한 나만의 경험을 떠 올리고 기록한 다음 그 경험으로 누구를 도울 수 있을까 생각하고 독자를 정한다. 그 후 경험과 사례로 채우고, 다시 그들이 달라지도록 어떻게 도울 수 있을지 목적을 정하고 핵심 메시지로 마무리한다. 마무리는 메시지다. 내 글을 읽는 독자 한 사람이라도 가져갈 것이 있어야 한다. 그들을 도울 수 있는 문장 한 줄이라도 남기기 위해 오늘도 읽고 쓰는 일 멈추지 않는다. 못 쓰는 글이라도 일단 초고를 완성한다. 그러면 글을 지속할 힘이 생긴다.

처음 글 쓸 때는 글을 잘 써보려고 힘이 들어갔다. 무엇이든 욕심을 부리면 힘이 더 들어간다. 가수들이 힘 빼고 노래 부르듯 글도 잘 쓰려고 하지 말고 오늘 일상을 그냥 쓴다. 욕심 내려놓는다. 특별한 이야기가 아닌 하루 일상 이야기 적어나가는 것이다. 긴장이나 두려움은 다른 사람에게 주고 나는 기대만 가지고 쓴다. 인생 새로운 모퉁이 돌 때 어떤 사건이 기다리고 있을지 아무도 모른다. 오직 쓰고 있다는 사실만 남아있을 뿐이다.

2월에 첫 줄 특강을 했다. 여섯 분 정도 참석했다. 다들 첫 줄이 어렵다고 한다. 시작이 두려운 것이다. 시작하기 위해 자이언트에서 배운 여러 가지 글쓰기 방법 나누었다. 고개를 끄덕이며 열심히 듣는 분들이다. 내가 누구인지 마주할 때 진심으로 의미 있는 글을 쓸 수 있다. 과거의 나를 받아들이고 현재 어떻게 살고 있는지, 앞으로 어떤 방향으로 나아갈지 글쓰기만이 해결해 줄 수 있는 문제다. 자신에게 질문하고 용기 가지고 쓸 수 있도록 도움을 주었다. 첫 줄보다 중요한 일, 기획과 구성이다. 이것을 먼저 정리하고 자신에게 셀프 질문하고 질문한 것을, 메모지에 끄적거린다. 그리고 한 가지 정해서 자기 경험을 담아 열심히 작성한다. 시작은 핵심 메시지 중간에 이유 그리고 경험 두 개 마지막 포인트는 메시지 살리기 이렇게 템플릿으로 쓸 수 있는 구조도 전달했다.

첫 줄 압박감 심한 이유 있다. 첫 줄에 두려운 마음 누구나 있다. 그러나 두려움 없애는 방법은 일기라도 매일 적어 보는 것이다. 매일 실행하고 적용하면 글이 늘 수밖에 없다. 한 번 쭈욱 쓰고 편하게 고치고 또 쓰고 이렇게 첫 줄 연습한다. 가장 좋은 방법은 다른 작가 좋은 문장 읽다가 내 마음에 드는 문장 뽑아와서 내 말로 바꾸는 연습 자주 하면 글이 참하고 좋아진다. 이렇게 첫 줄 특강 마쳤다.

많은 사람이 열심히 산다. 나도 그렇다. 그런데 뾰족한 성과 나지 않는다. 왜 성과가 나지 않을까? 고민하던 중 어느 날 독서모임에 초대받았다. 『이민규 질문하면 달라진다』 특강에서 들은 이야기다. 특강을 듣고 얻은 팁을 전한다. 이민규 교수는 글쓰기 전에 이렇게 세 가지를 하라고 말한다. 첫째 Why 왜 다른 사람이 아니고 내 글 읽어야 하는가? 둘째, What 내가 쓰는 글은 다른 사람이 쓰는 글과 무엇이 다른가? 셋째, How 어떻게 하면 1%로 다른 글인가? 그리고 질문하라고 한다. 헤밍웨이는 노인과 바다 400번 고쳐쓰기 했다고 한다. 나는 과연 얼마나 고치는가? 4번 불만족이다. 어떻게 하면 더 좋은 글을 쓸 수 있을까? 하는 질문을 자주 해야 한다. 그래야 싫증 내지 않고 고칠 수 있다. 이점이 가슴에 남았다. 최소한 열 번은 고쳐야 한다. 그래야 나의 글을 세상에 내어놓을 수 있다. 단 몇 사람만 읽는다고 해도 정성을 다하기 위해 질문을 해야 한다는 것이다. 그리고 시간을 내서 고치고 또 고친다. 헤밍웨이처럼 못 고치지만 흉내라도 내본다.

예전 우리 집에 가훈이 있었다. '가화만사성'이다. 가족이 행복하고 성공하기 위해 가게 한가운데 걸어 두었던 기억이 있다. 덕목세 가지 '근면, 성실, 정직'. 학교 가훈으로도 많이 본 기억이 있다.

가훈과 연결된 뻥튀기 할아버지 '이것이 인생이다.' 나온 사례이다. 시장 한구석에서 45년 장사했다. 근면, 성실, 정직 하나로 살아온 이야기다. 꽤 많은 사람이 열심히 산다. 그런데 성과가 없다. 뻥튀기하는 할아버지처럼 사는 분 봤다. 맬컴 아웃라이어 1만 시간의 법칙 책, 나왔을 때 대대적 성공하기 위해서는 만 시간에 투자하라고 한다. 만 시간 수치 정말 성공할 수 있을까? 무조건 아니다. 만 시간, 토 일 쉬고 월요일부터 금요일까지 8시간, 45년 하루 10시간 5년 만 시간 아홉 시간 반복으로 사신 할아버지다. 같은 장소 같은 일 45년 하셨는데 이 점 어떻게 생각하느냐고 리포터가 물었더니 "생각은 무슨 생각, 목구멍이 포도청이지." 할아버지는 이렇게 말씀했다. 열심히만 산다고 잘사는 거 아니라는 교훈이 들어가 있다. 할아버지가 만약 질문하는 인생을 살았다면 목구멍이 포도청이라는 말 대신 어떤 말이 나왔을까 궁금해진다.

이민규 교수님 말처럼, 만약 할아버지가 HOW 1% 다른 뻥튀기를 하였으면 어떤가? 팝콘 회사 회장을 해 볼 수도 있다. 전국 뻥튀기 협회도 만들 수 있다. 한 번도 질문하지 않고 하던 일을 반복했다. 똑같은 사람 만나고 매일 같은 말 반복하며 살았다. 얼굴에 주름살만 달라졌다. 시장을 돌아다니며 45년간 성실하게 산 할아버지 이야기가 우리들의 이야기일 수 있다. 그런데 가장 중요한 말씀은 '1% 다른 뻥튀기'를 하기 위해서는 질문을 해야 한다는 것이다. 나도 1% 다른 글을 쓰기 위해 어떤 질문할 것인가? 이때부터 질문에 관심이 더 많이 생겼다. 열심히만 하면 안 된다. 항상 자신에게 질문해야 한다.

나는 오늘 무엇으로 질문을 할 것인가? 우주는 우리에게 선물을 주었다. 사람을 사랑하는 능력, 하는 일 즐기면서 질문하는 능력, 그리고 사람마다 가지고 있는 잠재력 그것을 찾고 발굴해 내는 건 바로 질문하면서 쓰는 글쓰기로 할 수 있다. 글을 잘 쓰기 위해 질문을 해야 한다는 사실을 이은 대 작가님, 이민규 교수님께 배우는 한 수였다. 모르면 배우고 익히는 것이다. 그리고 적용해 보는 일 바로 글 쓰면서 질문을 해 본다. 나는 내 글을 읽는 독자에게 무엇을 줄 것인가?

07

괜찮아!

이성애

블로그는 나의 일기장이며 세상과의 소통의 장이자 성장의 통로이다. 또한 나의 경험을 나누는 강연장이며 내 삶의 흔적이 배인 인생 '추억록'이다.

제 블로그 소개 글입니다. 블로그를 통해 내 생각과 경험을 정리하고 그 결과를 세상과 소통하고 싶다는 소박한 바람을 표현한 것입니다. 이런 마음으로 블로그에 일상의 글을 쓰고 있습니다. 최근에는 '책 읽는 햄미'로 활동하며 내 이야기보다는 아이들과 책 읽은 이야기가 담겨 있습니다. 그 외에 현장 체험 간 것을 올리기도 하고 아이들과의 여행에서 있었던 경험을 쓰기도 합니다.

글쓰기가 어려워 블로그 포스팅하는 데 시간이 오래 걸립니다. 처음부터 글이 술술 나오지 않았습니다. 일단 사진부터 올려놓고 틈나는 대로 글을 추가하며 정리하는 편입니다. 남들은 한 시간이면 쓸 수 있는 블로그를 저는 종일 붙잡고 있답니다. 어느 때는 이틀이 걸리기도 합니다. 그리고도 계속해서 검토합니다. 중복된 말은 없는지, 오탈자는 없는지, 접속사가 불필요하게 많이 들어가지는 않았는지. 이러다 보니 매일 올려야 하는 블로그를 자주 올리지 못했습니다. 그런데 오래 걸리는 것보다 더 큰 문제가 있습니다. 책 읽기 하는 아이들 엄마들이 블로그를 방문한다는 사실입니다. 다른 사람들은 블로그에 와서 댓글을 달아 주고 공감도 눌러 주면 좋아합니다. 저는 아이 엄마들이 블로그에 방문하는 것이 부담스럽습니다. 왜냐하면 학교 선생님도 있고 학원을 운영하는 원장도 있기 때문입니다. 경제학박사에 병원장까지 공부를 많이 한 사람들이거든요. 내 블로그 글을 보고 맞춤법도 틀리고 문맥도 맞지 않는데 자식을 어떻게 맡길 수 있겠냐고 할 것 같아서입니다. 그래서 한때는 블로그를 비공개로 해둔 적도 있었습니다. 마음은 편했습니다. 그러나 아무도 안 보는 글을 쓰면서 신세 한탄을 하게 되더라고요. 글쓰기 초보가 잘 쓰는 사람 흉내를 내려고 했습니다. 생각대로 써지지도 않고 비교하게 되었어요. 초라해졌습니다. 저는 '내 사전에 우울증은 없다.'라고 여기며 살았습니다. 우울증 걸릴 시간도 여유도 없었습니다. 손이 갈퀴가 되도록 일했습니다. 자식들 교육을 위해 평생을 바쳤으니까요. 그런 내가 글쓰기를 못한다고 우울증에 빠져 있더라고요. 세상 풍파 다 견디며 여기까지 왔는데도요.

'글쓰기를 못한다고요? 못하니까 배워야죠.' 세상은 아는 만큼 보인다고 하는데 알기 위해서는 악착같이 배우기로 했습니다. 글쓰기 강의를 빠짐없이 들었습니다. 문장 수업 시간에 주어, 서술어, 접속어, 동사, 형용사 이런 문법 용어들이 나오면 머리에 쥐가 나는 것 같았습니다. 내 생각을 표현해 내기도 버거웠습니다. 문법을 생각하면서 쓰려니 더 혼란스럽습니다. 그래도 일단 썼습니다. 잘 못 써서 찢어버린 연습장이 쓰레기통에 가득 차올랐습니다. 쓰레기통을 보며 생각했습니다. '그래 지금 내가 글을 못 쓰는 그것은 내 책임이다. 현재 글을 잘 쓰는 사람들은 내가 노력하지 않을 때 그만큼 해낸 사람들이다. 누군가와 비교하지 말고 지금이라도 실력을 키우자. 중요한 것은 어제의 글보다 오늘 쓰는 글이 조금이라도 좋아졌으면 좋겠다. 부끄러워하지 말고 주어진 상황에서 최선을 다해 보자.' 이렇게 생각이 정리되니 마음이 홀가분해졌습니다. 이제는 누군가 내 글을 보고 맞춤법이나 문법이 잘못됐다고 말하면 창피해하는 것이 아니라 알려주어서 고맙다고 인사할 것입니다. 그리고 고쳐가며 써나갈 것입니다.

교통사고로 광대뼈가 으스러져 말을 제대로 할 수 없던 때가 있었습니다. 강사이니 정확하게 말해야 했습니다. 발음이 어눌해 쉽지 않았습니다. 발음을 잘하기 위해 수없이 연습했습니다. 그 결과 잘하는 사람들만큼은 아니지만, 일상 생활하는 데는 지장이 없었습니다. 강사로서도 발음이 나쁘다는 말은 듣지 않습니다. 아무리 부족하더라도 연습하면 나아지게 되어 있습니다.

제가 운영하는 책 읽기 수업에 새로 들어오는 아이가 제일 먼저하는 일이 있습니다. 자기를 소개하는 것인데 '나를 뽐내 봐요!'입니다. 이것은 본인이 잘하는 것 다섯 가지를 친구들에게 자랑하는 것입니다. 예를 들면 '나는 수영을 잘합니다. 나는 그림을 잘 그립니다. 나는 게임을 좋아합니다.' 등등 다섯 가지를 말한 후, 자신의 이름을 발표하는 것입니다. 말이 좋아서 자랑이지 대부분이 제대로 해내지 못합니다. 앞에 나와서 몸만 비비 꼬고 친구들과 눈도 못 맞추는 것이죠. 그래도 괜찮다고 잘한다고 격려해 줍니다. 처음엔 다 그렇다고요. 아이의 손을 잡고 같이 합니다. 나는 수영을 잘합니다. 나는 그림을 잘 그립니다. 나는 농구를 잘합니다. 이렇게 두세 번만 연습하면 처음에 말이 안 나와 쩔쩔매던 아이도 당당하게 자기 자랑을 합니다.

글쓰기도 마찬가지라고 봅니다. 지금은 내 생각을 일목요연하게 써 내려가는 것이 쉽지 않습니다. 그러나 공들여 발음 연습했을 때처럼 꾸준히 쓰다 보면 막힘없이 쓸 수 있는 때가 올 것입니다. 친구들 앞에서 자기 자랑도 못 하던 아이들이 연습을 통해 당당해졌습니다. 저도 야무진 작가가 되어 제 생각을 거침없이 나누는 날이 올 것입니다. 그래서 매일 연습하는 오늘이 행복입니다.

08

괜찮다, 부족해도 모자라도 괜찮다

이은설

부족하지만 완벽해지려고 했다. 불만 가득하고 초라한 내 모습만 보았다. 노력하고 싶었다. 노력해도 손끝에 만져지고 보이는 것은 없었다. 세상에 완벽한 사람 없다는 것을 알았다. 부족하면 부족한 대로 모자라면 모자라는 대로 의미와 가치가 있기 때문이다. 나의 의미와 가치를 찾기 위해 애썼다.

초고를 40꼭지 썼지만, 퇴고하지 못하고 만지작거리기만 했다. 근무 중에 새로운 소재가 나오면 얼른 바꾸고 다시 썼다. '퇴고' 말만 듣고 어떻게 해야 하는지도 몰랐다. 모 작가님께 개인적으로 연락해서 퇴고를 어떻게 하는지 좀 가르쳐 달라고 하기도 했다. 혼자서 해결한다는 생각보다 물어서라도 제대로 하고 싶었다. 이렇게도 저렇게도 하지 못하고 시간이 흘렀다. 결단을 내려야 했다. 매맞을 각오를 하고 원고를 제출했다. 퇴고 안내를 받았을 때 메시지가 없다고 하셨다. 메시지가 뭔지, 왜 메시지가 있어야 하는지조차도 몰랐다. 수업 시간에 그렇게 메시지를 강조하셨지만, 책 쓰기 전에는 그 말이 들리지 않았다. 맥락이 통하지 않는다고 하는데 맥을 잡을 줄 알아야 통하게 하지. 혼자 불만을 터뜨렸다. 분명 수업 시간이나 문장 수업에서 가르쳐주셨음에도 불구하고 들리는 귀를 가지지 못했다. 아는 만큼 보인다는 말이 나를 두고 한 말 같았다. 내가 할 수 있는 정도만 했다. 퇴고를 마쳤다는 홀가분함도 잠시. 서점가서 출판사 이메일을 백 군데 수집해야 했다. 이메일을 사진으로 찍다가 핸드폰이 방전되었다. 노트에 적어 왔다. 백 개가 되지 않았다. 다시 서점으로 갈 수 없었다. 집에 있는 책 중에 신간을 골라 출판사 백 군데 이메일을 모았다. 떨리는 마음으로 출간기획서를 작성해서 메일을 보냈다. 아침 일곱 시에는 집을 나서야 해서 하루에 출판사 오십 곳만 투고하기로 작정했다. 근무 중에는 혹시 손잡아 주는 곳 있을까 해서 동료들 눈치 보면서 화장실 가서 핸드폰을 열어서 확인했다. 두 번째 날도 출판사에 메일을 보내고 출근했다. 오전 10시경 미다스북스에서 연락이 왔다. 계약 조건이 세 가지 있었는데 그중 가장 쉬운 것을 택했다. 뭐가 뭔지도 모르고 계약했다. 출판사의 작가와 계속 원고를 수정하고 교정하는 작업을 거의 한 달 정도 했다. 예약 판매가 시작되었다. 교보, 알라딘, 예스24에 들어가서 우선 한 권씩 구매했다. 내가 내 책을 가장 먼저 사고 싶었기 때문이었다. 인사해야 할 몇 분께는 책을 보냈다. 직장 동료와 동기들에게는 카톡으로 인사하고 한 권만 사 달라고 어려운 부탁을 했다. 요양보호사 삼 천명이 있는 단톡방에 올렸더니 중국 교포 몇 분이 한두 권씩 구매해 주기도 했다. 동기들 단톡방에서는 축하금을 보내주는 동기도 있었고, 한두 권씩 구입하는 친구들도 있었다. 예약 구매를 어려워하는 이들에게는 내 통장에 입금하면 내가 주문해서 보내주기도 했다. 노트 한쪽에 매일 내가 구하는 권수를 표시했다. 동기와 친척 지인들의 도움으로 그럭저럭 예약 판매 200권을 완료했다. 큰 바윗덩어리 하나 내려놓은 것 같았다. 얼굴도 모르는 중국 교포는 카톡으로 책을 잘 읽었다. 어떻게 그렇게 잘 썼느냐고 말했다. 듣고 보니 아무것도 모르고 썼는데 차마 그 말은 못 하고 고맙다는 인사만 했다. 요즘도 매월 1일에는 문자 카드로 먼저 인사를 해 온다. 한 번 인연은 소중하다는 생각으로 답장을 정성스레 남기기도 했다. 좀 더 오래 알게 된 지인은 '문맥이 다소 맞지 않지만, 작가의 따뜻한 마음은 읽을 수 있었다. 배우고자 하는 열정은 도대체 어디서 나오는 것인지' 묻기도 했다. 열정이라기보다는 모르는 것은 알아야 한다는 생각뿐이라고 말했다. 책을 보내도 받았다는 말도, 읽었다는 소리도 없는 사람들도 있었다. 내가 책을 내면 삼 분의 일은 잘 썼다고 칭찬하고 삼 분의 일은 못 썼다 하고 삼 분의 일은 무반응이라는 말을 수업 시간에 들었다. 책을 쓰기 전에는 요양보호사로 대우하던 사람들이 갑자기 작가 선생님이라고 부를 때는 얼굴이 화끈거렸다. 사부님은 얼굴에 철판 깔고 당당해지라고 하셨지만, 그 정도 배짱을 챙기지 못했다.

이은대 작가님은 매번 수업을 위해 100장이 넘는 ppt를 새롭게 만드신다. 나도 그런 역량을 배우고 싶었다. 마침 23년 4월 12일 자이언트 수요 정규수업 시간에 렉처 독서법을 배웠다. 배우면서 저 정도는 내가 할 수 있겠다는 생각이 들었다. 한 장을 요약해서 내 것으로 만들어 써야 하지만, 요약력이 부족한 나는 그렇게 할수 없었다. 그래도 하고 싶었다. 요약하지 못하고 문장을 골랐다. 처음에는 그림을 옮기는 것도 쉽지 않았다. 하면서 배울 수 있었다. 사부님은 30분 안에 할 수 있다고 했지만 내 실력으로는 빨리해야 한 시간에 할 수 있었다. 시간을 너무 잡아먹는데 그만할까, 생각도 했다. '이왕 시작했는데 그냥 해보자.' 하는 생각으로 이제일 년이 지났다. 6개월 정도 했을 때 친한 지인이 요약해서 해야지이렇게 하는 것은 반칙, 이라고 했다. 반칙이나 변칙이나 해 놓고이야기하라고 말하며 같이 웃었다. 블로그에 글 한 편 올리지 못해도 렉처 독서법은 하루도 빠짐없이 꾸역꾸역했다. 중간에 '그만할까.' 하는 생각이 들기도 했지만, 그동안 해 온 것이 아까워 포기할수 없었다. 1박 2일 근무 들어갈 때는 미리 글을 써서 예약했다. 가끔 지방을 가야 할 때도 미리 만들어 놓고 출발했다. 예약하지못하고 늦게 도착해서 시간이 늦은 날은 밤 12시 전에는 그냥 올렸다. 속이 알차지 못하고 흉내만 내는 것 같았다. 블로그에는 올리고 내가 실행에 옮기지 못한 적도 많다. 그래도 계속하다 보니365일이 지났다. 1,000일 쓰기에 도전해 보고 싶다.

나는 시골에서 학원을 17년 정도 운영하다가 유기농 사과 농사를 지었다. 서울 와서는 요양보호사를 하면서 배우고 싶은 것을 배웠다. 자이언트 북 컨설팅을 21년 7월에 만났다. 이은대 작가의 무료특강을 두 번 듣고 나니 도저히 미안해서 더 들을 수가 없었다. 때마침 목돈이 생겨서 감사한 마음으로 등록했다. 23년 4월에는라이팅 코치 수업을 들으면서 배우고 있다. 내 나이 60을 넘었다.

달력 나이는 의미가 없다고 하셨지만, 40대 후반~50대 초반 작가들의 활약과 유연성이 부럽기만 했다. 책도 내지 못하고 책을 낸 작가들을 부러움의 눈으로 쳐다보고 있을 때, 사부님의 말이 가슴에 확 꽂혔다. 남과의 비교는 최악이다. 절대로 남과 비교하지 마라. 비교하고 싶으면 어제의 나와 비교해서 어제보다 조금이라도 나아지면 된다는 말씀이 가장 큰 힘이 되었다.

괜찮다. 못해도 괜찮다. 남들보다 좀 못해도 괜찮다. 나는 친구들보다 달리기도 못하고 노래도 못하고 그림도 못 그린다. 남의 마음을 읽을 줄도 모르고 위로할 줄도 모른다. 그런 사람이 어찌 글을 쓴다고 하는지! 한 가지 내가 할 수 있는 것은 최선을 다하는 것뿐이다. 시작하면 끝을 보기 위해 그냥 뚜벅이가 되어 갈 뿐이다. 여전히 낯선 길은 어렵고 힘이 든다. 두렵고 떨린다. 처음이라 그렇다고 나를 다독인다. 작가, 강연가는 오로지 훈련으로 만들어지는 존재라는 사부님의 말씀을 다시 한번 되새긴다. 후회하지 않은 인생을 살기 위해 일기장을 펼친다.

09

15년 전 나에게 말을 걸다

— 이현경

글 쓰는 일은 독자에게 말을 건네는 일이다. 글을 써서 누군가에게 도움 주며 살고 싶다. 그러기 위해서 글쓰기 연습을 하고 있다. 시도 때도 없이 찾아오는 감정을 살피고, 표현하는 훈련도 필요하다. 누구나 글 쓸 수 있다. 독자를 정해두고, 그에게 읽게 한다는 마음으로 쓰면 된다. 한 사람의 독자라도 나의 경험으로 도움 줄 수 있다. 독자의 고민을 떠올리고, 독자가 궁금해하는 내용을 쓰면 된다.

브런치 작가에 도전했다. 브런치란 카카오에서 운영하는 글쓰기 플랫폼이다. '내가 쓴 글이 작품이 되는 공간, 창작과 출간을 지원한다.'라고 했다. 브런치 스토리는 작가로 승인된 사람만 글을 발행할 수 있다. 처음에 연재한 브런치 북은 아버지의 이야기를 담았다. 공무원에서 사업가로, 사업가에서 지하철 택배 노동자로 살다 간 아버지 이야기를 쓰려고 했다. 아버지에 대한 감정은 애환이다. 먼지 날리는 지하철에 서류 뭉치 들고 오고 가느라 일흔 넘은 연세에도 누구보다 바쁘게 살다 손 쓸 틈도 없이 곁을 떠났다. 이렇게 써도 되나 고민했다. 감정을 표현할 서술어를 찾는 데 어려웠다. 지하철은 폐쇄적인 공간이다. 폐가 좋지 않은 아버지에게는 치명적이었다고 표현하는 게 맞을까. 하루라도 빨리 병원에 모시고 갔더라면 하는 후회가 남았다고 해야 할까. 문장 선택을 하는 일이 쉽지 않았다. 브런치 북은 여러 편의 브런치 글을 모아서 만드는 연재 글이다. 브런치 글 발행할 때마다 얼굴이 발개졌다. 가볍게 쓰고 싶지 않은데 마음처럼 되지 않았다. 브런치에는 글 잘 쓰는 사람이 모여 있는 듯했다. 글을 쓰고 나서도 아쉬운 마음이 계속 남았다. 브런치 글을 처음 쓸 때 어떤 독자를 대상으로 글을 쓰는지 명확하지 못했다. 아버지에게 편지 쓴다는 느낌으로 썼더니 감정을 뱉어내는 데 급급했다. 지금 돌아보니 아버지와의 이별이 오래 마음에 남아 있는 독자에게 쓴다고 정했으면 좋았을 터인데 아쉽다.

두 번째 책인 『항상 100점 받는 아이의 독서법』은 출판사에서 기획 출간 제의를 받았다. 아직 많이 부족하다고 생각되었지만, 두 권의 개인 저서를 이어서 출간했다. 우연히 이루어낸 것은 아닐지 불안했다. 두 번째 책을 출간하니 유튜브 촬영 의뢰가 들어왔다. 교집합 스튜디오라는 교육 전문 유튜브 채널이었다. 스튜디오에서 하는 촬영이었고, 출판사 담당자가 동행했다. 촬영하는 날은 장마여서 비가 쏟아졌다. 스튜디오에 도착하기도 전에 옷과 구두가 흠뻑 젖었다. 젖은 옷을 털지도 못한 채 녹음실로 들어갔다. 긴장을 덜기 위해 원고도 작성했고, 연습도 했다. 진행자와 인사를 했다.

진행자 목소리를 듣자 심장이 떨리기 시작했다. 자연스러운 진행을 위해 원고를 보지 않고, 대화하듯이 하자고 했다. 테이블 위에 책을 펼치고, 마이크를 옷에 걸었다. 녹음 버튼이 눌러졌다. 중간에 끊지 않는다고 했다. 계속 이어서 인터뷰를 하고, 추후 편집하기로 했다. 진행자가 첫 번째 질문했다. 정말로 독서한다고 해서 교과 시험에서 100점을 받는다는 것이 가능하냐 물었다. 그렇다 대답했다. 첫 번째 질문은 무사히 마쳤다. 두 번째 질문했다. 답을 해야 하는 데 첫 마디가 생각나지 않았다. 몇십 초가 몇 분처럼 느껴졌다. 책의 내용을 떠올려 대답했다. 인터뷰가 끝났다. 진행자는 수고했다고 인사 건넸다. 책 출간한 초보 작가의 경우 이렇게 긴장하는 경우가 많다고 했다. 그래도 잘 편집해 주겠다 했다. 인사가 잘 들리지 않았다. 중간에 말을 더듬거렸던 부분이 떠올랐고, 한참 동안 대답을 생각했던 시간이 길었던 것 같았다. 망했다 싶었다. 비에 젖은 바지 밑단은 여전히 차가웠다. 땀이 나지는 않았지만, 등 뒤가 뜨거웠다.

유튜브 촬영 후유증이 며칠 갔다. 걱정을 많이 하니 주위에서 위로해 주었다. 일주일 뒤 영상이 공개되었다. 우물쭈물했던 모습은 안 보였다. 벌겋게 된 얼굴도 표시 나지 않았다. 유튜브에 처음 출연한 티 안 났다. 다행이구나. 괜히 걱정했다. 시간이 지나 생각해 보니 처음이라 떨리는 건 당연했다. 처음부터 잘하는 사람 없지 않은가. 더 전문가도 많을 거 아니냐며 소심하게 걱정했나 보다. 글도 마찬가지다. 의미 없는 글쓰기는 없다. 최선을 다해 글 썼으니 그것으로 되었고, 유튜브를 통해 나의 경험을 전달하고 도움을 주었으니 되었다. 전문가면 어떻고, 비전문가면 어떤가.

글쓰기에 정답이 없다. 정답을 말할 수도 없다. 두 아이 키우며 느낀 감정, 독서 교실 운영하며 들었던 생각으로 누군가를 도와줄 수 있으니 글을 썼다. 시행착오 많았다. 열심히 가르쳤으나 글쓰기 실력이 늘지 않은 아이도 있었고, 나와 맞지 않아서 그만둔 아이도 있다. 그런 사례 또한 기록하여 남겨 두었다. 그래야 알려줄 수 있다.. 첫째 아이가 15살이다. 15년 전 나에게 해 주고 싶은 말이 있다. 그때로 돌아간다면 조급해하지 말라고 말하고 싶다. 첫째가 여섯 살이 될 때까지는 육아 소신이 없었다. 매일 인터넷과 맘카페를 검색하며 자료를 찾았다. 책을 쓸 때 아이를 키우는 나에게 말해 주고 싶은 마음으로 기록했다. 누가 내 글을 보면 어쩌나 걱정하는 마음은 접었다. 내가 나에게 말한다 생각하니 훨씬 마음이 편안했다. 그러고 보면 15년 전의 내가 나의 첫 독자인 셈이다.

누군가 내 글을 보고 뭐라 할 것처럼 두려울 때 세 가지를 생각했다. 첫째, 독자를 위한 글을 썼다. 15년 전의 나를 독자로 정하고 글을 쓴 것처럼 어느 한 사람을 독자로 정해서 글을 써 보았다. 초등학교 아이 둘을 키우는 경력 단절이 된 40대 중반 등으로 구체적으로 정할수록 좋다. 독자에게 할 말이 생길 거다. 둘째, 글을 쓰는 이유를 정해 보았다. 어떤 이유로 글을 쓰고 싶은지 목적을 생각하면 주제가 선명해진다. 어떻게 하면 글을 잘 쓰는 것보다 내가 쓰는 글로 독자의 문제를 해결해 줄 수 있는지 고민해 보는 거다. 셋째, 어떤 도움을 줄지 정의해 보았다. 경험이나 사례 중에서 독자에게 도움을 줄 수 있는 내용을 뽑아 보았다. 독자에게 잘 전달하기 위해 고민해 보는 거다.

쓰려는 글에 한 명의 독자만 생각하면 충분하다. 육아하는 내용을 쓴다면 아이 키우며 힘들어하는 옆집 엄마가 읽으리라 정하면 된다. 누군가 단 한 명이라도 도움이 되었다고 이야기를 해 주면 그 글은 의미가 있는 거다. 구체적인 독자를 정하면 글을 쓰는 두려움을 극복하게 된다. 한 사람을 위해 쓴 글은 오히려 여러 사람이 공감할 수 있다. 15년 전의 나를 독자로 정해 글을 쓴 것처럼 오늘도 나만의 독자에게 말을 걸어 본다.

누가 내 글을 보고 뭐라고 하면 어쩌나 걱정하는 사람이 있다면 독자를 정해 보라 말하고 싶다. 글쓰기 연습을 하고 있다. 블로그 꾸준히 하고 있다. 강의도 하고, 글쓰기 첨삭도 한다. 글을 쓸 때마다 내 글을 읽는 독자에게 어떤 경험을 하게 할지 고민해 본다. 나의 이야기를 들어줄 사람이 미소를 띠며 앞에 있다 상상해 본다. 독자에게 경험을 전달한다. 실패했던 경험도 좋고, 성공한 이야기도 좋다. 경험이 의미 있어 지고, 가치를 담게 된다. 한 명에게라도 의미가 닿을 수 있으면 다행이다.

10

무소의 뿔처럼, 사막의 낙타처럼

정인구

똑같은 사람 없다. 똑같은 인생도 없다. 각자 나름의 자리에서 살아간다. 내 삶을 타인의 그것과 비교하는 것보다 어리석은 행위는 없다. 글도 마찬가지다. 나의 글을 쓴다. 부족하고 모자랄 수 있다. 중요한 것은, '나의 글'이라는 사실에 긍지와 자부심을 품어야 한다. 비교는 다른 사람의 글이 아닌 어제의 내 글과 비교하면 된다. 나만의 글을 쓰자.

공저가 개인 저서보다 쓰기는 수월하지만, 부담이 안 되는 건 아니다. 내가 쓰고 싶은 글이 아니라 정해진 제목과 주제에 맞게 써야 하기 때문이다. 또한, 기한이 정해졌고, 초고를 공유한다는 부담도 있다. 공저 초고 마감 기한이 다가올수록 답답해진다. 책 제목과 1장, 2장, 3장, 4장 챕터를 한참 보고 또 본다. 일하다가도 문득문득 써야 하는 부담이 나를 짓누른다. 공저 진행하던 중 한 수강생이 전화를 걸어왔다. "작가님, 왜 이 글을 써야 하는지, 또 무엇을 써야 할지 막막해요.” 그는 지정된 공저 챕터에 대해 쓸 내용이 떠오르지 않는다고 토로했다. 글쓰기 경험이 부족하고, 잘 쓰고 싶다는 간절함과 함께 자신감도 부족한 상태였다. 비교와 주눅들지 않고 당당하게 내 글을 쓰는 방법이 있다. 사람이 움직이려면 밥을 먹어야 한다. 자동차를 움직이려면 연료가 필요하다. 글쓰기에서 밥과 연료에 해당하는 것은 무엇일까? 일상에서 보고, 듣고, 경험하고 느낀 감정이다. 나의 일상은 오롯이 나만 경험한다. 글을 쓰기 전에 메모지에 질문으로 시작한다.글쓰기 시작 전 메모지에 질문을 적는다.

먼저 ‘어제(오늘) 무엇을 했는지’ 물어본다.

‘4시 30분에 일어나 미라클 모닝(명상, 글쓰기, 독서, 5분 미니 특강) 모임을 5시~6시, 1시간 했다. 블로그에 글 한 편 올렸다. 내가 운영하는 독서모임 진행 PPT를 만들었다. 모임 안내문을 단톡방에 게시했다. 아내와 업무분담 의견이 맞지 않아 싸웠다. 오전에 사무실로 출근했다. 공저 계약금을 입금했다. 책 쓰기 강의 준비했다. 블로그에 미라클 모닝 모집 공고를 했다.’ 하루 동안 나에게 있었던 일을 메모지에 낙서하듯 기록한다.

두 번째는 어제 있었던 일을 참고하여 키워드를 뽑는다. ‘루틴, 균형, 돕는다, 가족, 아내 다툼, 준비.’

마지막으로 위 키워드를 참고하여 주제문을 만들어 본다. 1. ‘나를 보석으로 만드는 루틴’, 몸과 마음의 균형은 루틴에 있다. 2. ‘한 번 깨어지면 회복할 수 없다.’ 지금, 내 가족부터 챙겨라. 3. ‘하루 물림이 열흘 간다.’ 할 거 있으면 미루지 말로 제때 하자!

어제 하루 있었던 일을 사실 위주로 쓰고, 키워드를 뽑고, 그것을 참고하여 주제문을 만든다. 만든 주제문 중 하나를 골라 글을 쓰면 된다(여기서는 3가지 주제문 예시를 모두 보겠다).

1번 주제.

[나를 보석으로 만드는 루틴, 몸과 마음의 균형은 루틴에 있습니다] 매일 5시에 일어나 미라클 모닝 모임 시간에 회원들과 글을 씁니다. 매일 글 쓰는 방법 중 하나는 정해진 시간에 정해진 장소에서 쓰는 것이 필요합니다. 루틴, 습관이야말로 꾸준히 글을 쓸 수 있는 원동력이 되기 때문이지요. 몸과 마음의 균형은 루틴에 있습니다. 저는 쓰기 전에 나만의 의식을 갖습니다. 창문을 열고 심호흡합니다. 새벽공기에 정신이 맑아집니다. 처음 글을 쓸 때는 힘들어 감사 일기 3줄만 썼습니다. 똑같은 내용을 쓰다 보니 지루하고 쓰기 싫어 중단했습니다. 한동안 쓰지 않다가 손바닥 크기의 메모 수첩에 일기를 썼습니다. 2022년 12월부터 미라클 모닝 회원들과 글을 써서 단톡방에 공유합니다. 이후 지금까지 매일 다섯 시 미라클 모닝 시간에 글을 씁니다. 개인 저서 1권, 공저 6권을 출간했습니다.

2번 주제.

[한번 깨어지면 회복할 수 없다. 지금, 내 가족부터 챙겨라] 아내가 포항지역에 있는 선교회 모임에 1박 2일 워크숍에 참석하기로 했습니다. 차량으로 부산지역 집결지인 동래 지하철역에 배웅했습니다. '야호, 자유다~' 무슨 감옥에 있었던 것도 아닌

데 마음이 가벼웠습니다. 초읍대공원 산책도 하고, 카페에 가서 커피도 마시고, 책도 읽었습니다. 퇴직한 후배와 저녁 먹고 수다 떨며 마음껏 즐기다 집으로 왔습니다.

아무도 없는 캄캄한 거실, 불을 켰지요. 휑했습니다. 덩그러니 세상에 혼자 남겨진 기분이 들었습니다. 지금은 내 옆에 잔소리 많은 아내지만, 오늘은 잠깐 떨어져 있는 아내지만, 언젠가는 내 곁을 떠나는 날이 올 겁니다. 빈집을 매일 마주하는 날이 올 수 있겠지요. 잔소리가 듣기 싫고, 함께 사는 것이 구속처럼 느껴질 때도 있지만, 언젠가 아내가 떠나고 혼자가 될 때를 생각해 봅니다.

3번 주제.

[하루 물림이 열흘 간다. 할 일 있으면 미루지 말고 제때 하자]

우리가 일상에서 흔히 경험하는 한 가지 문제는 바로 '미루기' 입니다. 해야 할 일을 미루면 그로 인한 불이익이나 문제가 더 커질 수 있습니다. 하여, 시간에 쫓기지 않는 '알람 시간 관리법'을 소개합니다. 첫째 중요한 일이 있으면 알람을 맞춰 둡니다. 둘째, 알람이 울리면 생각 말고 바로 행동합니다. 셋째, 갑작스러운 돌발 상황이 발생해도 우선순위에 밀리지 않습니다. 넷째, 시간 관리 바인더를 기록합니다. 다섯째, 핑계와 변명으로 나를 합리화하지 않습니다.

시간은 누구에게나 공평하게 주어진 자원입니다. 이제는 미루지 말고 시간에 쫓기지 않는 알람 시간 관리법으로 오늘부터 작은 변화를 시작해 보세요.

한 편의 글을 쓰지 않는다고 지구가 멸망하거나 내 인생의 치명적인 오점이 되지는 않는다. 문제는 글을 쓰지 못할 때 자신을 비하하고 주눅 들어 글쓰기를 회피하려는 마음이다. 석가모니는 "세상의 유희와 쾌락에 젖지 말고, 꾸밈없이 진실을 말하며 무소의 뿔처럼 혼자서 가라"고 했다. 세상에서 가장 아름다운 글은 바로 내가 쓴 글이다. 오늘도 한편의 글을 쓰는 데 무소의 뿔처럼, 사막의 낙타처럼 뚜벅뚜벅 세상의 하나뿐인 나만의 글을 쓰길 소망한다. 또 비교되고, 주눅 들고, 자신감이 없는 날이 오겠지만.

11

한 명의 독자를 위해 쓴다

— 정원희

작가는 한 명의 독자를 위해 글을 쓴다. 이야기를 전하고 싶은 사람 한 명을 앞에 앉힌다. 모든 사람에게 전하는 것이 아니다. 나의 경험들이 한 사람에게 도움이 되었으면 하는 마음으로 정성껏 전한다. 모든 사람을 만족시키는 글은 있을 수 없다. '밀리의 서재'에서 전자책을 읽거나 오디오북을 듣는 것을 즐긴다. 읽고 싶은 책이 넘쳐난다. 구독료를 내면 무제한 내 서재에 담아 놓을 수 있으니 신난다. 먼저 읽은 사람들의 한 줄 평이 많은 책 중 읽을 순서를 정하는데, 가끔 도움이 된다. 지난주 책을 고르다가, '재미없다'로 일축한 평을 보았다. 자세히 살펴보니, 그 카테고리에 들어 있는 대부분 책에 똑같은 평을 쓴 것이었다. 내 책에 댓글을 단 것도 아닌데 짜증이 올라왔다.

'죄송하지만 당신을 위한 책이 아닙니다. 조용히 나가 주세요.'

내가 대신해서 이렇게 말해주고 싶었다. 따라서 내 글을 보고 뭐라고 하면 어쩌나 하는 걱정은 안 해도 된다.

작가가 쓰는 글은 반드시 독자를 위한 글이어야 한다는 것을 글쓰기 수업을 하면서 알게 되었다. 나만을 위한 글이라면, 문법도, 전하고자 하는 메시지도 그리 중요하지는 않다, 나만을 위한 글은 기록용 일기면 된다. 허나 일기나 독서 감상문 등을 평소에 즐겨 쓰던 사람들의 글 쓰는 실력은 독자를 위한 글쓰기에도 당연히 도움이 된다.

나는 일기를 쓰거나 수업 자료를 만들거나, 메모 정도의 글쓰기를 하는 정도였다. 정기 간행물에 가끔 칼럼을 쓰기도 하고, 여행 후기를 남기기도 했다. 필요할 때마다 쓰는 글이었기에 꾸준히 실력을 키울 수는 없었다.

그러던 내가 글쓰기 수업을 받고 책을 써서 내게 되니 혹시 누군가가 내 글을 보고 뭐라고 하지는 않을지 사실은 걱정이 되기는 했다. 강의를 오래 해 비교적 좋은 이미지를 가지고 있었는데, 괜히 글 솜씨도 없는 내가 그 이미지를 망쳐 버리지는 않을지에 대한 걱정도 있었다.

사실은 그런 이야기를 할 것 같은 사람에게 내가 책을 냈다고 알리지 말까, 하고 망설인 적도 있다.

첫 번째 책을 내고 당당하게 말했다. 대단한 문장력으로 쓴 책은 아니지만, 그간의 나의 여행경험을 정성껏 썼으니 재미있게 읽어 달라고 했다. 초보 작가라 감히 그렇게 말할 수 있었다. 그러면 두 번째 책은 뭐라고 하나. 이제 두 번째이니 첫 번째보다는 조금 나아졌을 거라고 했다. 나는 매일매일 조금씩 성장하고 있었으니까.

말이 글보다 쉬웠기에 그냥 여행 이야기 들려주듯이 글을 써보자고 마음먹었다, 여행 이야기를 할 때도 모든 사람이 나의 여행 스타일과 맞는 것은 아니다. 그랬다가는 오히려 큰일일 수 있다. 내 여행 이야기를 들은 사람들을 모두 데리고 여행을 떠날 수는 없다.

2024년 겨울 몰타에서 한 달 살기를 위한 여행을 떠날 예정이다. 몰타에 관한 책, 다른 지역에서 한 달 살기를 한 사람들의 경험을 담은 책을 찾아 읽고 있다. 함께할 사람들을 모집할 공지도 준비 중이다. 겨울을 몰타에서 보내고 나면 '몰타에서 한 달 살기'를 준비하는 사람들을 위한 책을 내려고 한다. 몰타의 정보를 생생하게 담아 전할 것이다. 짧은 여행을 준비하는 사람, 가까운 지역을 원하는 사람들을 위한 책은 아닐 것이다. 대상 독자를 좁히고 줄여야 글쓰기가 수월하다.

'퇴직을 준비하고 있는 59세 이미정 씨. 영어 공부를 해외에서 꼭 해 보고 싶은 꿈이 있음. 한 달 동안 어학연수를 받고 여행도 함께 하고 싶어 함. 따뜻한 겨울을 보낼 수 있는 지중해 국가로 가고 싶어 함. 아직은 장거리 비행기 가능하고, 유럽 대륙의 여행을 더 해 보고 싶어 함.

글을 쓸 때는 주제를 정하는 것이 중요하다. 주제에는 반드시 타깃으로 하는 독자가 있어야 한다. 독자가 명확하면 메시지도 선명해진다. 메시지도 독자 이미정 씨에게 필요한 내용이어야 한다. 동시에 내가 알려줄 수 있는 내용이어야 한다. 독자와 작가의 교집합을 찾는 것이 중요하다. 내가 하고 싶은 말만 해서도 안 되고, 독자만을 고려한 나머지 뜬구름만 잡는 이야기만 해서도 안 된다.

누구를 위한 것인지 알아야만 독자도 선택할 수 있다. 독자가 정해졌으면 나의 어떤 경험을 전할 것인지를 정리해 본다. 성공과 실패의 다양한 나의 경험이 독자를 도울 수 있어야 한다. 내가 전하는 스토리를 통해 독자가 어떻게 변하기를 원하는지에 대한 목적도 꼭 필요한 요소 중 하나이다. 여기까지가 내가 할 수 있는 것이다. 주제를 정하고 나면 그것을 원하는 사람들이 내 책을 읽게 될 것이다.

작가는 내가 쓰고 싶은 것을 쓰고 싶어 하고 독자는 자기가 읽고 싶은 것만 보고 싶어 한다. 내가 쓰고 싶은 것 중에 독자가 보고 싶은 것만 골라 쓰면 된다. 독자의 관심은 자신에게 득이 되는가이다.

그들의 문제와 고민에 조금이라도 보탬이 되도록 쓴다.

독자에 대한 착각 세 가지가 있다.

첫째, 독자가 내 글을 끝까지 읽을 거라는 착각이다. 초보 작가의 글을 정성 들여 읽을 거라는 착각은 접어야 한다. 끝까지 잘 읽을 수 있도록 재미와 의미, 공감을 주기 위해 최선을 다할 뿐이다.

둘째, 독자가 내 이야기에 관심을 가질 것이라는 착각이다. 독자는 나에게 관심이 없다. '독자에게 도움이 되는 나'에 대해 관심을 가진다. 내 이야기만 늘어놓을 것이 아니라 마주 앉은 독자와 대화하듯이 써야 한다.

셋째, 내가 쓴 이야기를 독자가 공감해 줄 거라는 착각이다. 내 이야기를 쓴다고 해서 독자가 매번 공감해 주는 것은 아니다. 공부하고 연습하면서 정성 다해 써나가야 힘이 되는 독자 만날 수 있다. 독자와 함께 여행을 가야 한다. 혼자 앞서가는 여행이 아니다.

내 마음에만 집중하지 말고, 매 순간 독자를 위해 쓴다. 독자 눈치 보느라 공자님 말씀으로만 쓰지 말고, 일기 쓰듯이 내 이야기만 늘어놓지 않는다. 두 가지 모두가 잘 버무려진 글을 쓴다. 내 글을 보고 누가 뭐라든지 상관없다. 내 앞에 앉은 한 명의 독자를 위해 이야기해 나간다는 것을 기억한다.

4장

행복해서 좋았다,
작가가 되길 잘했다

더 나은 세상을 꿈꾸는 나는, 작가입니다

—————————————————————— 김형준

3년 전 간헐적 단식을 시작하면서 몸에 대해 꾸준히 공부해 왔습니다. 공부하다 보니 현대인에게 가장 큰 질병인 만성질환에 대해 제대로 알았습니다. 심장병, 뇌졸중, 관절염, 암, 비만, 당뇨, 호흡기 질환이 여기에 속합니다. 만성질환은 잘못된 식습관으로 인해 우리 몸속 세포가 망가져 생기는 질병입니다. 이는 무엇보다 예방이 중요하다고 수많은 의사가 한목소리를 냅니다. 예방법으로 올바른 식습관과 설탕, 초가공 식품을 멀리하고 자연에서 나오는 식재료를 가까이하며 꾸준한 운동과 적정 수면 그리고 스트레스 관리라고 알려줍니다. 무엇보다 좋은 음식을 꾸준히 먹으면 세포가 회복되고, 회복된 세포에는 힘이 생겨 여러 질병을 이겨낼 면역력을 갖습니다. 올바른 식습관은 건강한 몸이 되는 선순환을 만듭니다. 간헐적 단식을 통해 몸이 건강해지는 선순환을 만들었다면, 이를 통해 인생이 건강해지는 선순환을 만들어 가는 중입니다.

꿈이 없는 삶을 살아보셨나요? 마흔이 넘어서까지 꿈이 없었습니다. 원래부터 없었던 건 아니었습니다. 20대 때는 손에 잡힐 듯한 꿈이 있었습니다. 서로에 대한 믿음과 넘치는 에너지로 못 할게 없었습니다. 자발적 열정 페이로 몇 해를 버텨낼 만큼 희망을 품었습니다. 그러나 믿고 의지했던 존재의 배신으로 꿈과 희망이 한순간에 사라졌습니다. 정신을 차리니 서른 살이었습니다. 생활비는 카드 돌려막기로, 대학 졸업도 못 했습니다. 내놓을 만한 경력도 없었습니다. 서른 살에 고졸을 써 줄 곳은 많지 않았습니다. 그러니 꿈은 내 몸에 맞지 않는 옷이었습니다. 당장 생활비와 빚을 갚아줄 현실의 작업복이 필요했습니다. 운이 좋았습니다. 친구의 도움으로 안정된 직장을 갖게 되었습니다.

직장이 생겼지만 꿈은 없었습니다. 아니 꿈을 가질 처지가 아니었습니다. 서른 살의 신입은 해야 할 게 많았습니다. 눈앞에 주어진 일이 먼저였습니다. 기술자로서 갖춰야 할 능력 개발을 멀리할 수밖에 없었습니다. 시간이 지나고 깨달았습니다. 그때부터 자기계발을 해야 했습니다. 그러지 못한 결과는 아홉 번 이직으로 이어졌습니다. 그러다 보니 자질을 키우기보다 이력서 스펙에만 몰두했었습니다. 꿈을 좇기보다 현실에 쫓기는 직장인이 되었습니다. 그런 일상이 만족스러울 리 없습니다. 직장에서는 불평불만을 달고 살았습니다. 밖에서 받은 스트레스를 가정에서 풀었습니다. 남는 시간을 낭비했습니다. 기분에 따라 행동했습니다. 얇은 귀로 내린 선택은 후회로 이어졌습니다. 못마땅한 순간이 꼬리에 꼬리를 물었습니다. 꿈이 들어설 자리가 없었습니다.

서른 살에 들어간 터널을 빠져나오기까지 13년이 걸렸습니다. 나가는 길을 알려준 건 책이었습니다. 책에서 만나는 사람들에겐 한결같이 꿈이 있었습니다. 누구는 꿈을 이루고 책을 썼습니다. 누구는 꿈을 이루기 위해 책을 썼습니다. 또 누군가는 꿈을 잃었다고도 썼습니다. 그들의 공통점은 여전히 꿈을 꾸고 있다는 겁니다. 어떤 상황에서도 꿈을 포기하지 않았습니다. 그들에 비해 저는 그동안 너무 쉽게 꿈을 포기했고 다시 꿈꾸지 않았습니다. 차이를 인정하고 달라지기로 마음먹었습니다. 달라질 방법을 찾은 건 글쓰기를 통해서였습니다. 내 꿈이 무엇인지 글로 썼습니다. 꿈이 없었던 때도 있었고 막연하게 생각만 했던 꿈도 있었습니다. 글로 쓰니 내가 바라는 게 무엇인지 이제야 보였습니다. 길이 보이지 않을 땐 어디로 갈지 방향을 잡지 못하지만, 길이 보이면 보이는 대로 따라가면 됩니다. 그렇게 글을 쓰면서 꿈에 닿는 길을 따라 걷기 시작했습니다.

처음에는 혼자 보려고 글을 썼습니다. 글을 어떻게 쓰고 무엇을 쓸지 몰랐으니, 누가 읽겠나 싶었습니다. 내 글에 내 꿈을 담아 썼습니다. 매일 한 편씩 완성하면서 매일 한 발씩 꿈을 향해 다가갔습니다. 희한한 일이 벌어졌습니다. 내가 생각해도 글 같지 않은 글인데 사람들이 반응했습니다. 누구는 내 글에 공감했고, 누구는 용기를 얻고, 또 누구는 격려를 보내왔습니다. 한 편의 글에서도 반응은 사람마다 달랐습니다. 반대의 경우도 생겼습니다. 저도 그들의 글을 읽으면서 잊었던 기억을 떠올리고, 몰랐던 사실을 배우고, 더 나아질 나를 기대하게 되었습니다. 서로의 글을 통해 서로에게 영향을 주었습니다. 글은 마치 서로의 몸을 건강하게 해 주는 영양소 같았습니다. 신선한 과일야채가 우리 몸의 세포를 건강하게 해 주는 것처럼 말이죠. 그렇습니다. 글쓰기는 서로의 성장을 돕고 더 건강한 인생을 위한 선순환 역할을 해줬습니다.

혼자 걷던 길에 시간이 지나면서 사람이 모였습니다. 나와 같은 꿈을 꾸고, 자기만의 꿈을 위해, 다른 이들을 통해 꿈을 발견하고, 지금은 꿈이 없지만 함께 걷다 보면 분명 찾게 될 거라는 사람까지. 저마다의 이유로 목적지에 닿기 위해 같은 길을 걷는 사람들이 모였습니다. 처음에는 잡초만 무성해 보이지 않던 길이 지금은 제법 모양새를 갖춰가는 중입니다. 점점 욕심이 생깁니다. 이 길이 시간이 지나면서 어떤 길이 될지 말이죠. 짐작건대 더 많은 사람이 같은 길을 걷는다면 분명 더 길다운 길이 될 것입니다. 그 길에서 누구는 더 큰 꿈을 꾸고, 누구는 더 많은 사람을 만나고, 누구는 더 큰 가치를 실현할 수 있을 것입니다. 사람만큼 사람에게 영향을 주는 존재도 없을 테니까요.

꿈이 없었을 땐 배만 채우려고 아무 음식이나 먹었던 것 같습니다. 그대로 살았다가는 언제 쓰러질지 모를 일이었습니다. 다행히 책을 만나면서 건강하게 먹는 방법을 배우기 시작했습니다. 건강한 음식을 골고루 먹으며 꿈이라는 것도 갖게 되었습니다. 글쓰기를 통해 내 꿈을 사람들에게 알렸습니다. 사람들은 내 꿈을 지지해 줬고 누구는 옆을 지켰습니다. 여전히 글로 소통하고 각자의 꿈을 향해 같은 길을 걷는 중입니다. 단지 조금 더 많은 글을 썼기에 '작가'가 되었습니다. 저에게는 거창한 이름입니다. 그에 맞는 인생을 살고 있는지도 의아합니다. 괜찮습니다. 꿈이 없었을 때보다 행복해질 이유가 많아졌습니다. 제 글을 읽어주는 사람이 있어서 행복합니다. 매일 써야 할 이유가 있어서 감사합니다. 다른 사람을 도울 수 있어서 다행입니다. 보잘것없던 제가 글을 쓰고 작가가 되면서 행복을 누리는 게 되었습니다. '글쓰기'를 통해 인생이 건강해지는 선순환을 이어가는 중입니다.

02

우선순위 정하자

서미소

  사람을 만나면서 공허함을 느낀다. 성장하고 사람 냄새나는 사람이고 싶다. 배우는 걸 좋아한다. 글도 말도 잘하고 싶다. 글을 쓰면서 정리가 되어 간다. 글쓰기를 통해 마음을 정리해 본다.

  관심 분야를 찾다 보면 연결고리가 만들어지고 간절함과 절실함이 우주의 기운을 끌어들인다는 걸 실감한다. 자이언트 책쓰기 무료특강을 알게 되었다. 이병헌, 이문세를 좋아한다. 신랑 만나 차분한 목소리에 매력을 느낀다는 걸 알았다. 무료특강을 신청했다. 작가는 경상도 말투이며 말에 힘이 있다. 지금은 그 작가의 열정이라는 걸 알기에 목소리가 익숙하고 좋다. 처음에는 내용이 들어오지 않아 줌방에 오래 머물 수 없었다. 작가만 등록하는 모임인가? 잘못 들어왔나 싶어 나왔다. 순식간에 후기문자가 올라왔다. 모르는 전화가 왔다. 무료특강을 신청해야 하는데 정규 수업으로 잘못 신청한 거 같다고 했다. 죄송하다 했지만 직접 전화가 오니 머리가 하애졌다. 수신 거부를 해야 하나 고민했다. 그 작가의 블로그에 글이 매일 올라왔다. 대충 읽었다. 몇 달이 지났다. 무료특강 글이 눈에 들어왔다. 궁금했다. 다시 신청했다. 많은 사람 중 내 이름을 기억할까? 하며 특강 날짜를 체크해 두었다. 집중해서 들었다. 공부잘하는 사람들은 나름의 공부 방법이 있다고 했다. 글쓰기도 방법이 있었다. 바로 이거였다. 신청을 안 하면 평생 후회할 거 같았다. 작가는 모르겠고 '에라 모르겠다.' 하며 2023년 10월1일 117기 책쓰기 정규 과정에 입과 했다. 지금까지 느끼지 못한 시원함을 경험했다. 다른 글쓰기에서 느끼지 못했던 시원함이다. 그동안 듣던 수업이 음식에 간이 덜된 밍밍한 부족함이었다면 정성으로 조리한 맛집 같았다. 글쓰기 수업, 천무 독서 노트 작성법, 문장 수업도 함께들을 수 있었다. 모든 걸 주고 싶어 하는 작가 마음이 전달된다.

한 달에 한 번 일요일 아침 7시 소모임이 있다. 주제를 정해 각자의 이야기를 준비해서 발표한다. 이번 주제는 '나만의 문제 해결 방법'이다. 각자 발표시간 5분이 주어졌다. 나는 세 가지를 제시했다. 첫째, 블로그에 글쓰기. 둘째, 독서모임 참여하기. 셋째, 글쓰기 강의 듣기를 발표했다. 나는 글을 쓰는 방법 주제 정하기에서 "오늘은 뭐 했지? 어제는 뭐 했지? 생각하며 낙서하라"고 했다. 메모한글을 보면서 메시지를 뽑으면 좀 더 쉬울 거라고 이야기했다. 참가자 중 한 사람이 '글을 쓰고 싶게 만들어 줘서 고맙다'라는 톡을받았다. 내가 궁금했던 것처럼 누군가는 알고 싶어 한다. 고민과문제에 도움 주고 고마움을 느끼는 소소한 일상이 곧 글감이고 주제인 거 같다. 누군가에게 인정받고 싶다면 그 일에 최선을 다해야한다. 좋은 평판을 받기 위해서는 매일 묵묵히 하면 된다, 선한 영향력을 가진 사람과의 만남을 위해 내가 만들어가는 것이다. 나에게 소중하고 고마운 분이다. 남을 도우면서 내가 발전하는 거다. 삶의 가치와 태도를 중시 여겨야겠다.

천무 책 선정 도서가 올라왔다. 3일 남았다. 속독으로 책장을 넘겨 가며 내용 파악하는 아이를 본 적 있다. 신기했다. 독서모임에 참여하는 사람들, 분위기, 멀게만 느껴졌던 속독은 어떤 분위기일까 궁금했다. 완독하지 않고 참석했다. 속독은 아니었다. 한 달 전에 책을 선정하고 2주마다 한 권씩 읽는 모임이었다. 책 읽고 블로그에 홍보하는 글. 문장 3개 뽑아 내경험을 함께 쓰고. 독후소감. 나의 어록. 독서 노트를 쓰게 했다. 소모임에서는 각자의 삶 속에 나오는 이야기를 들을 수 있다. 알고 싶던 작업이었다. 나만의 어록은 좋은 글귀를 내 것으로 재탄생 시키는 일이었다. 작가라고 불러서 어색했던 나다. 글을 쓰면서 어록이 생기는 게 즐겁다. 책 읽고 블로그에 작성하는 방법을 알게 돼서 좋았다.

글 쓰는 맛을 알아가는 과정이 좋다. 아이들도 이은대 작가 수업은 엄마 공부하는 날이라고 인정해 준다. 줌을 열어 "안녕하십니까. 이은대입니다. 입장하신 분들은 화면 켜주시고요." 멘트를 따라하는 아이들과 웃으면서 줌에 들어간다. 내게 있어서 아이들은 든든한 조언자이자 함께 성장하는 도반과 같은 관계다. 초등학교 국어책을 통해 일기 쓰는 법, 원고지 쓰는 법, 주제 정하기 등 다양한 글쓰기 방법을 공부한다. 쉰이 된 지금 글쓰기를 배운다.
똑똑하고 현명한 사람이 좋다. 그런 사람을 닮고 싶다. 강연을 들거나, 이야기를 나누면 핵심 정리를 잘하는 사람 있다. 글 잘 쓰는 사람은 말하기를 어려워하고 말하기 잘하는 사람은 글쓰기 힘들어하는 거 같다. 둘은 같은 목적을 가지고 있다. 딸은 학교에서 노트 정리하는 법을 공부한다고 했다. 잘 듣고 설명해 달라고 말했다. 아직 부족한 나에게는 의미 있는 일이다. 앎에 대한 목마름, 글쓰기에 대한 부족함을 채우고 싶다.

　나 자신을 더 단단하게 만드는 혼자만의 시간. 지금은 외롭지 않다. 누구보다도 마음 부자다. 하루가 소중하다. 지금껏 살아온 순간들에 감사한다. 글쓰기가 나를 변화하게 만들어 주었다. 내가 느꼈던 감정을 글로 써서 다른 외롭고 힘든 사람을 돕는 상상을 해 본다. 독서와 블로그에 남기는 일을 반복하면서 나의 잠재력은 커진다. 내가 성장하고 있다는 걸 느낀다. 영향력 있는 존재로 살고 싶다. 끈기와 꾸준함을 지속적으로 실천하며 변화해야 한다. 나를 인정할 때 진정한 행복을 느낀다. 글 쓰고 마음 정리하는 것이 의미 있다. 글 쓰는 삶이 행복하다. 실행이 중요하지만 완벽한 실행은 되지 않는다. 서서히 조금씩 훈련 중이다.

　인생의 가장 큰 목적은 '내'가 되는 것이다. 지금은 글을 쓰고 책을 읽으면서 나를 찾아가고 있다. 나무뿌리처럼 단단해지려 한다. 외롭지 않은 나를 발견한다. 매 순간 감사하고 행복한 나와 만난다. 이루고 싶고 바라는 삶을 위한 일이다. 인생은 언제나 내가 선택하고 변화는 나로부터 비롯된다. 나는 그것을 알고 있고 앞으로도 잊지 않을 것이다. 나는 소중한 존재이기에….

행복한 삶, 작가 인생

서주운

　자이언트를 만나기 전에는 단 한 번도 작가가 되고 싶다는 생각해 본 적 없었습니다. 단지 내 일, 내 것을 하고 싶어서 교육회사를 그만두고 1인기업 지식창업에 뛰어들었습니다. 더 성장하고 싶은 마음이 컸습니다. 흔히 말하는 시간적 자유, 경제적 자유를 누리는 삶을 열망했습니다. 매일 책을 읽고 강의를 들었습니다. 코로나로 내가 만난 온라인 세상은 신세계였습니다. 노동을 덜 하고 시간을 더 벌면서 파이프라인 구축을 해 나갈 수 있을 듯했습니다. 그토록 내가 바라던 삶을 살 수 있으리라 기대로 가득했습니다. 매일 감탄하며 교육을 들었습니다. 모든 수업을 다 신청해서 듣고 배워야만 할 것 같았습니다. 동 시간대에 진행되는 강의를 하나는 노트북으로 또 다른 하나는 핸드폰으로 듣기도 했습니다. 지금 생각하면 어처구니가 없지만, 그 당시 나는 배움의 열정이 가득했고 성공하고 싶다는 열망도 남에게 뒤지지 않았습니다. 공부하면 할수록 재미있었습니다. 새로운 것을 배우면 배울수록 더 알아야 할 것이 많아졌습니다. 회사 다닐 때보다 더 바빴습니다. 저녁밥을 먹고 나서도 숟가락을 놓기 무섭게 책상 앞에 앉았습니다. 뒷정리와 설거지는 고스란히 남편 몫이 되었습니다. 저녁 강의는 주로 8시나 9시에 몰려 있었습니다. 줌 수업에 늦을세라 정보 하나라도 놓칠세라 서둘러 링크를 클릭하고, 노트와 펜을 준비한 채 귀를 쫑긋 세워 집중했습니다. 지금은 강의 들으면서 녹음과 동시에 텍스트로 바로 받아볼 수 있는 앱을 사용하기도 하지만 그때는 그런 것도 몰랐습니다. 오로지 아날로그 방식으로 받아 적고 밑줄 긋고 별 표시하고, 고시 공부가 따로 없었습니다. 학창 시절 이렇게 공부했으면 스카이가 뭐예요, 아마 하버드도 입학했을 것입니다. 다양한 분야, 새로운 지식을 알아가고 배워가는 과정에서 나는 방향을 잃고 말았습니다. 이런 것도 있어? 오~ 이거 재미있는데! 이거 배우면 나중에라도 써먹을 수 있겠다. 어느 순간 목표를 잃어갔습니다. 단지 배우고 알아간다는 즐거움으로 그 시간을 즐길 뿐이었습니다. 마치 같은 궤도를 재미있게 돌고 있는 회전목마처럼.

성공하고 싶었습니다. K코치의 소개로 '자이언트' 글쓰기 커뮤니티를 알게 되었습니다. 그래, 다들 책 쓰면 성공한다는데 책 한 권 내보자는 생각이었습니다. 정규과정 무료특강을 듣고 한 치의 망설임도 없이 글쓰기 수업에 등록했습니다. 이미 많은 예비 작가가 함께하고 있었고, 그중에는 책을 한 권, 여러 권 출간한 작가들도 있었습니다. 정규수업은 기수마다 월 4회 진행되었습니다. 수요일 오전 10시, 밤 9시, 토요일 아침 7시. 세 기수가 동시에 돌아갑니다. 해당 기수 수업에 참여가 힘든 경우 다른 기수 수업 참여도 가능했습니다. 매주 목요일 문장수업이 따로 있습니다. 문장수업은 유일무이한 라이브 퇴고 쇼입니다. 문법 및 글을 고치고 다듬는 과정을 고스란히 보여줍니다. 와~ 감탄이 절로 나옵니다. 문장력을 배울 수 있는 시간입니다. 간간이 진행되는 특강, 출간한 작가의 강연도 들을 수 있습니다. 이 모든 것이 평생 무료 재수강으로 가능합니다. 이런 많은 혜택을 안고 글쓰기 수업에 처음 참여했습니다.

비디오를 켜라고 했습니다. 불편했습니다. 소리가 쩌렁쩌렁합니다. 귀 아팠습니다. 목탁도 탁탁 칩니다. 웃겼습니다. 태도를 강조했고 열정을 쏟아 글 쓰는 삶을 전했고 항상 웃으라 했습니다. 글쓰기 스승으로 만난 이은대 작가입니다. 사부님을 만나 글공부한 지 4년 차가 되어 갑니다. 글쓰기 수업이 재미있습니다. 가슴 깊이 울림이 있습니다. 글쓰기 공부하러 왔다가 인생 공부도 합니다. 책 한 권 뚝딱 내서 성공하는 것이 아니라 인생을 어떻게 살아갈지, 삶을 대하는 관점과 태도를 배웠습니다. 세계적인 동기부여가 저리 가라 정도로 멘탈 확실하게 잡아줍니다. 덕분에 신념과 가치관이 똑바로 섰습니다.

작가가 되면 얼마나 좋을까? 내 이야기로 내가 쓴 글이 다른 사람에게 도움이 된다면 얼마나 행복할까? 나의 인생 이야기로 다른 사람을 돕는 그런 작가가 되고 싶었습니다. 내가 지금까지 살아오면서 경험한 것, 경험을 통해 느끼고 깨달은 점을 나누면서 그들을 돕고 싶었습니다. 글을 쓰니 내 인생이 점점 나아집니다. 욱했던 감정도 사그라집니다. 글 쓰면서 마음이 평온해집니다. 매일 웃습니다. 나를 돌아보는 시간을 갖게 됩니다. 모든 게 감사하고 일상이 축복임을 늘 행복한 마음입니다. 글을 조금이라도 써 본 사람만이 경험할 수 있는 글의 참맛입니다. 매일 한 줄이라도 글을 써보면 좋겠습니다. 일기라도 꾸준히 쓴다면 충분히 남을 도울 수 있는 작가가 될 수 있습니다. 나의 이야기를 몰입하여 글로 쓰는 시간이 행복했습니다. 퇴고하면서 어떤 단어가 더 적확할지, 어떤 문장이 나을지 고민하고 바꾸는 행위가 재미있었습니다. 서점에서 만난 내 책이 반가웠고 글 보면서 같이 울었다는 독자의 말에 가슴 뭉클했습니다. 가끔 쓰기 싫은 날 있습니다. 그럴 때면 글 쓸 때의 행복, 요래조래 단어와 문장 바꾸는 재미. 그 감정을 끌어모아 봅니다. 그리고 도움이 되었다는 독자를 생각합니다. 누군가가 생애 가장 행복한 때가 언제냐고 묻는다면 단연코 '지금'입니다. 책 읽고 공부하고 글 쓰는 삶을 살아가는 요즘, 더할 나위 없이 즐겁습니다. 작가 인생이라 다행입니다. 현재 내가 누리고 있는, 글 쓰는 삶의 행복을 많은 이에게 전하고 싶습니다.

자이언트 인증 라이팅 코치가 되었습니다. 읽고 쓰는 삶의 가치와 행복을 전하고 있습니다. 한번은 수강생이 인사를 전하더군요. 책 쓰기 주제를 정하고 목차를 위한 과제를 작성하면서 인생을 처음으로 돌아봤다며 이런 기회 가질 수 있게 해줘서 고맙다고 말입니다. 기뻤습니다. 가슴 벅찼습니다. 내가 글을 만났을 때보다 더 행복했습니다.

남편은 독서를 즐깁니다. 책을 나보다 더 많이 사고 틈만 나면 읽습니다. 한가한 주말 오후, 거실 큰 책상에 마주 앉아 독서했습니다. 남편은 읽던 책을 덮고, 노트북을 켭니다. 책의 내용을 정리하여 블로그에 공유합니다. 그런 남편에게 오늘도 말합니다. "나랑 같이 글 써 볼래?" 이젠 그만 좀 말하랍니다. 그럴 수 있나요? 좋은 건 나눠야죠. 내일도 말할 겁니다. "나랑 같이 글 쓰실래요?" 글쓰기는 행복한 나의 삶입니다. 매일 글 쓰는 행복한 작가의 삶을 전하고 싶습니다. 읽고 쓰는 인생 함께하면 좋겠습니다.

인생, 멋지게 만드는 법

———————————————————— 서영식

어릴 때부터 책 읽기를 좋아했습니다. 위인전이나 전래동화를 열심히 읽었습니다. 책을 읽는 모습을 보고 친척분들이 칭찬하는 이야기를 들었습니다. 청소년기에는 책을 많이 읽진 못했습니다. 대학생이 되고 나서 다시 책을 손에 들었습니다. 직장생활을 하면서는 책을 더 많이 구매했습니다. 연간 100권 읽기를 도전했습니다. 독서리스트를 만들고 목표를 달성했습니다. 특히 자기계발 도서를 좋아했습니다. 2000년 초, 중반 유명했던 작가는 구본형 작가였습니다. 기억에 남는 책은 『그대, 스스로를 고용하라』입니다. 자신을 고용인으로 생각하고 스스로 변화하고 성장하는 방법에 대해 알려줍니다. 책을 열심히 읽다 보니 나도 '작가'가 되고 싶다는 생각을 많이 했습니다. 나의 이야기를 책으로 남기고 싶었습니다.

30대 중반에 버킷리스트를 100개 썼습니다. 1순위는 '내 이름으로 된 책을 출간한다.'입니다. 작가가 되고 싶었습니다. 방법을 몰랐습니다. 여러 책 쓰기 강의를 다녔습니다. 일일 특강을 듣고 책을 쓰는 방법을 배웠습니다. 엄두가 나지 않았습니다. 여전히 글을 써서 책을 낸다는 것은 먼 미래의 일로만 느껴졌습니다. 책을 내고 싶으면 글을 써야 합니다. 어떤 글을 어떻게 써야 할지 막막했습니다. 2021년 7월에 이은대 대표님의 자이언트 책 쓰기 무료특강을 들었습니다. 내가 왜 책을 내고 싶어 하는지 근원적인 질문에 대한 답을 들을 수 있었습니다. 단지, 나의 기록을 남기기 위해 책을 출간하는 것이 목표가 아니었습니다. 글을 쓰고 누군가를 도울 수 있는 삶을 사는 방법에 대해 생각하게 되었습니다. 책 쓰기 수업을 신청하고 매주 들었습니다. 가족여행을 가서도 일찍 일어나서 노트북을 켜고 수업을 들었습니다. 수업에 참여하면서 글을 쓰고 싶다는 열망이 불타올랐습니다. 정작 글은 쓰지 않았습니다. 뭔가 해야 한다는 생각만 했습니다. 실제 글쓰기를 하진 못했습니다. 22년 6월 공저에 참여하면서 글을 쓰기 시작했습니다. 글을 어떻게 써야 할지 몰랐습니다. A4 용지 1.5매 이상을 채우는 일은 생각보다 어려웠습니다. 회사에서 보고서를 쓰라고 하면 열 장이 넘게 술술 쓸 수 있습니다. 책을 출간하기 위해 쓰는 글은 달랐습니다.

내가 살아온 삶으로 독자에게 어떤 도움을 줄 수 있을지 생각했습니다. 6개월에 걸친 여정이 끝나고 드디어 인생 첫 번째 책을 출간했습니다. 저자 증정본 실물 책이 집에 도착했습니다. 두근거리는 마음으로 택배 박스 포장을 뜯고 실물 책을 확인했습니다. 내이름이 적혀 있는 책을 처음 봤을 때 신기했습니다. 나의 글이 책으로 만들어진 경험은 잊지 못할 좋은 추억이었습니다. 아내와 주말에 광화문 교보문고에 가서 책을 들고 사진도 찍었습니다. 회사에 출근해서 책을 출간했다고 직장 동료에게 알렸습니다. 설날에 친척들이 모인 자리에서 사인회도 진행했습니다. 여기저기서 '작가님'이라고 불러줬습니다. '나도 드디어 작가가 된 건가.' 혼자 화장실에서 배시시 웃기도 했습니다. 자신의 이름으로 된 결과물이 세상에 나온다는 경험을 할 수 있었습니다.

출판사와 출간계약도 했습니다. 열 명의 작가가 모여서 출판사 대표의 이야기를 듣고 사인을 하고 사진을 찍었습니다. 입이 귀에 걸리도록 웃었습니다. 실감이 나지 않았습니다. 내가 드디어 책을 낼 수 있다니. 그토록 간절히 원했던 내 책을 낼 수 있게 된다니. 책이 세상에 나오고 나서 내용을 읽은 지인들이 이야기를 해줬습니다. "머릿속 원숭이 표현 너무 좋았어요. 나도 써 먹어봐야지". "하려고 하는 사람은 할 수 있는 법을 찾는다. 안 하려고 하면 하지 않을 이유를 찾는다."라는 내용에 공감했다는 직장 동료도 있었습니다. 내가 쓴 글이 다른 사람에게 읽힌다는 게 어떤 느낌인지 알 수 있었습니다.

작가가 되고 나서 좋은 점도 많습니다. 그중 함께하는 공저 작가와의 시간도 행복했습니다. 매일 서로 응원해 주고 격려해 줬습니다. 생일이 되면 다 함께 축하 인사를 해 주고, 직장에서 좋은 일이 있으면 축하도 해 줬습니다. 든든한 응원군이 있어서 새로운 즐거움을 찾을 수 있었습니다.

책을 출간하고 저자특강을 하게 되었습니다. 강의는 처음이라 많이 긴장했습니다. 열심히 자료를 만들었습니다. 책에 쓴 내용의 동영상도 준비했습니다. 열 명의 작가가 돌아가면서 각자의 이야기를 했습니다. 책을 쓰게 된 계기, 글쓰기 방법, 책에 있는 나의 경험 등 각자 다른 이야기를 발표했습니다. 제 차례가 되었습니다. 쿵쾅쿵쾅 대는 심장을 부여잡고 시작했습니다. 사전 발표할 때는 문제가 없었는데 갑자기 노트북에 말썽이 생겼습니다. 두세 번 튕겨 나갔다가 다시 들어오기를 반복했습니다. 우여곡절 끝에 발표를 마무리했습니다. 입고 있던 와이셔츠가 땀으로 범벅이 되었습니다.

발표가 끝나고 나서 강의를 들은 작가들의 후기를 읽었습니다. 한 줄 한 줄 읽으면서 벅차오르는 감동을 느낄 수 있었습니다. 노트북에 이상이 생겼을 때도 모두 응원의 메시지를 보내주셨습니다. 작가가 되고 나서 새로운 경험을 할 수 있었습니다.

내 이름으로 된 책을 출간하는 경험은 평범한 인생을 특별하게 만들어 줍니다. '작가'라는 부캐도 생깁니다. 네이버나 교보문고에 이름을 검색하면 책이 나옵니다. 글을 쓰면서 가장 크게 달라진 점은 마음입니다. 내 마음을 들여다보고 확인하는 시간이 생겼습니다. 글쓰기 전에는 감정관리가 힘들었습니다. 기분이 나쁘면 얼굴이 달아오르고 흥분해서 목소리도 높아지고 말을 빨리했습니다. 지금은 기분이 좋지 않은 신호를 알아차립니다. 잠깐 시간을 두고 마음을 정리합니다. 글을 쓰면서 감정관리를 잘할 수 있게 되었습니다.

글을 써서 작가가 된다는 것은 세상에 나의 이야기를 꺼내고 전하는 일입니다. 세상에는 글을 쓰고 싶은 사람과 글을 쓰는 사람이 있습니다. 글을 쓰고 싶은 사람은 언제든지 글을 쓰는 사람으로 바뀔 수 있습니다. 누구나 경험을 바탕으로 글을 쓸 수 있는 세상입니다. 처음엔 어렵고 힘들 수도 있습니다. 지속해서 반복하면 조금씩 쉽게 할 수 있습니다. 글쓰기는 타고난 재능이 아니라고 생각합니다. 꾸준히 배우면 나아질 수 있습니다. 글을 쓰고 책을 출간하는 기쁨을 나누고 즐길 수 있도록 돕고 싶습니다. 좀 더 많은 사람이 글을 썼으면 좋겠습니다. 글쓰기, 책 쓰기를 도와주는 라이팅 코치를 준비하고 있습니다. 저의 경험을 함께 나누고 성장할 수 있도록 도움을 주려고 합니다.

05

그래서 행복하다. 작가라서

─────── 이경숙

"와, 오늘 최악의 수업을 해버렸네요. 기분이 완전 별로에요."

"마음 내려놓으세요. 오늘 글감이 생겼다고 생각하세요."

어느 고등학교에서 인문학 수업을 두 시간 진행하고 나오면서 나눈 대화다. 정말 기분이 별로였다. 지금도 수업했던 장면을 떠올리고 싶지도 않다. 얼굴이 화끈거리고 속도 거북하다. 수업하기 5일 전으로 시간을 되돌리고 싶다. 여러 방법으로 수업 준비를 다시 하고 싶다. 상업고등학교 학생이 듣고 싶은 수업으로. 학생들의 수업 태도가 어떠했든지 그들의 상황이 어떻든지 내가 즐거운 시간으로 이끌어주었다면 최악의 수업은 면할 수 있었을 것이다. 축제 기간에 듣는 인문학 수업이 고등학교 2학년 축제를 더욱 마음에 남는 순간으로 만들었을 것이다.

그날 오후에 바로 글을 썼다. '최악의 수업'이라는 제목으로. 수업을 좀 더 재미있게 하지 못했던 나의 잘못과 앞으로는 수업 준비를 더 철저히 하겠다는 각오도 함께. 그 일이 있고 나서 한 달쯤

후, 다른 학교에서 인문학 강의를 하게 되었다. 아주 반응이 좋았다. 최악의 수업을 하고 나서 기분 나빠하기만 했다면 정신 건강에도 좋지 않았을 데테지만, 글로 적고 나니 나를 객관적으로 돌아볼 수 있었다. 글로 쓰기 전에는 수업 태도가 좋지 않았던 학생들이 들어왔었다. 글을 쓰다 보니 준비를 철저히 하지 않은 내가 보였다. 글을 쓰면 나를 볼 수 있다. 글로 만나는 나는 작지만, 글을 적고 난 후의 나는 커진다. 내가 성숙할 수 있다. 같은 상황도 객관적인 눈으로 볼 수 있다.

매주 목요일이면 자주 맘들과 독서모임을 한다. 자주 맘은 자녀를 주도적인 아이로 키우고 싶어 하는 엄마들이다. 자주 맘 독서모임에서는 매월 메인 도서와 부가 도서를 한 권씩 읽는다. 메인 도서는 주도적인 아이로 키우는 데 도움 되는 책이고 부가 도서는 엄마 마음을 다스리는 데 좋은 책이다. 주로 온라인으로 모이고 한두 달에 한 번씩 오프라인에서 모인다. 이번 오프라인 모임은 종로 도서관에서 가졌다. 부모로서 훈육하다 보면 아이의 자발성을 막는 것 같아 고민이라고 세 아이 맘이 얘기했다. 내가 굳이 말하지 않아도 다른 자주 맘이 자발성에 관해 얘기해주었다. 자발성이란 아이 스스로 흥이 나서 하는 행동이라고. 그 행동이 긍정적일 때는 굳이 막을 필요가 없지만 부정적일 때는 훈육해야 한다고. 처음 말했던 세 아이 맘이 가끔은 긍정적인 행동과 부정적인 행동이 구분되지 않을 때가 있다고 말했다. 게임을 하더라도 그 게임을 통해 아이가 얻는 것이 있다면 긍정적으로 보아야 한다고 대답해 준다. 단 게임을 너무 오래 하면 아이에게 좋지 않으니 처음부터 적정 시간을 아이와 상의해서 정해두는 것이 좋겠다고 덧붙여 주었다. 이렇게 서로의 의견을 주고받으며 성장해 가는 독자들을 보는 것 또한 즐거움이다. 종로 도서관 휴게실이 카페 분위기여서 편안했다. 독서모임을 마친 후 근처에 있는 박노해 시인의 사진전에 같이 갔다. 육아에서 오는 스트레스를 잠시나마 내려놓을 수 있는 시간으로 만들고 싶어서였다.

많지 않은 인원이지만 내 책의 독자들과 함께 독서모임을 한다. 나의 책 내용을 좋아하는 엄마들이어서 무료 특강을 여덟아홉 번 진행해 주기도 했다. 온라인으로 진행하던 독서모임이다. 멤버들이 오프라인 모임도 하자고 했다. 온라인으로만 하기에는 답답한 부분이 있다고. 특강 진행 시 아이들도 참여하는 시간이 있었다. 온라인이지만 서로 얼굴을 안다. 오프라인 모임 때 아이들이 함께하기도 한다. 아이들도 서로 보고 싶다고 해서. 아이들은 키즈 카페에서 놀라 하고 엄마들은 그 옆 카페에서 책에 관해 이야기 나눈다. 아이들이 학교에 가는 때에는 엄마들끼리 만난다. 점심도 같이 먹으면서. 서로 겪는 어려움도 나눈다. 사는 지역이 다른데도, 자주 가는 병원도 공유한다. 다니는 병원뿐만 아니라 식단도 공유하기도 하며 서로 어려움을 나누기도 하고 다른 사람에게 필요한 방법을 찾아주기도 하면서.

온라인으로 만나서 오프라인 모임까지. 작가와 독자 사이라는 생각보다는 거의 가족 같은 분위기다. 매일 감사 일기를 써서 공유하기 때문에 각자의 상황도 잘 알고 있다. 더욱 좋은 건 사교육을 시켜야 할지 말아야 할지 흔들릴 때가 많았는데 내 책을 읽고 중심을 잡을 수 있었다며 고맙다고 말할 때이다. 뿌듯함은 덤으로 가질 수 있다.

글을 쓰다 보면 행복한 일이 많다. 또 다른 기분 좋은 일도 있다. 나는 내가 알고 있는 것을 누군가에게 가르쳐주는 걸 좋아한다. 예전에는 학생들을 가르쳤는데 나이가 많기도 하고 건강상의 문제도 있어서 그만두었다. 그렇게 그만둔 지 4, 5년 만에 늦은 나이임에도 글쓰기 책 쓰기 강의를 하게 되었다. 글쓰기에 대해 이전의 나처럼 두려움을 느끼는 사람들에게 강의를 통해 글쓰기의 즐거움을 전하게 되었다. 수강생들은 글을 쓰면서 스스로 위로받을 수 있다고 좋아한다. 기분 나쁘거나 슬픈 일이 있을 때조차도 글을 쓰면 조금씩 그 감정이 엷어진다고 말한다. 그런 수강생들의 반응에 괜히 입꼬리가 올라가기도 한다. 또한 그들이 좋지 않은 감정에 싸여 있을 때 그 감정에서 빨리 벗어날 수 있었다는 말도 한다. 글을 쓰기 전에는 기분 나쁜 감정이 오래 갔는데 글을 쓴 후로는 그 시간이 짧아졌다고. 수강생들 말에 덩달아 나도 눈꼬리가 내려간다.

작가가 된 후 느끼게 되는 즐거움이란 이런 것들이다. 어찌 보면 거창하지 않아 소소해 보일 수 있다. 하지만 작은 행복이 진짜 행복이다. 작가는 여러 이유 덕분에 기분 좋게 지낸다. 첫째, 생각을 정리하며 나를 제대로 볼 수 있다. 글을 쓰지 않았다면 느끼지 못할 감정이다. 내가 나를 몰라 스스로 어리둥절할 때도 있다. 때론 나에 대해 실망하기도 한다. 글을 쓰면서 내가 이런 사람이었구나 하고 알아갈 때가 많다. 평소 아무 생각 없이 하던 일도 나만의 생활 패턴이라는 것을 알 수 있다. 나를 알면 자신을 더 잘 대할 수 있다. 내면의 갈등을 줄일 수 있어 편안해진다. 본래의 나와 잘 지낼 수 있다.

둘째, 독자와 소통할 수 있다. 내 글의 독자와 소통하며 그들이

365페이지를 쓰는 인생

어려워하는 일을 도울 수 있다. 글에서 다 전하지 못한 내용으로도 돕게 된다. 독자가 궁금해 하도록 글을 쓰면 안 된다. 그럼에도 내 글에 대해 궁금해 하는 독자가 있다면 소통하며 도울 수 있다. 도움을 받은 독자가 편안해할 때 보람을 느끼게 된다.

셋째, 내가 쓴 글을 완성해 낸 것에 대한 기쁨이다. 글쓰기란 없는 것에서 무언가를 창조해 내는 일이다. 만들어 가는 과정은 고되다. 어떻게 풀어가야 할지 몰라 한참을 고민도 하고 구상도 해야 한다. 그 기간이 길건 짧건 간에 작가에게는 힘든 시간이다. 그 고된 과정을 마친 후 결과물을 손에 쥐었을 때 느끼는 뿌듯함이란. 일이 힘들면 힘들수록 끝내고 난 후에 맛보는 보람은 더 크다. 이 역시 큰 기쁨이다. 쓰는 동안에는 내가 과연 이 글을 마칠 수 있을까 생각하기도 하고, 이 글이 어떻게 써질지 궁금하기도 하다. 이런 과정을 거친 후에 완성하고 나면 내가 해냈다는 자부심도 생긴다. 글을 쓰다 보면 없던 아이디어도 떠오른다. 자신이 가진 창의성과 상상력을 펼쳐낼 수 있다. 이것 역시 어깨가 봉긋해지는 일이다.

글을 써서 출판사에 투고하면 수많은 거절을 받는다. 베스트셀러 작가라고 하더라도 피할 수 없었던 일이다. 쓰는 동안 겪는 고통도 무시하지 못한다. 하지만 글을 쓰면서 스스로 행복할 때도 많다. 책이 나온 후에 얻게 되는 기쁨 또한 크다. 고진감래라는 말처럼 어려움을 감내한 후에 갖게 되는 달콤함도 크다. 작가이기에 맛볼 수 있는. 반드시 해낼 수 있다는 자신에 대한 믿음도 가질 수 있다. 그래서 행복하다. 작가라서.

06

나는 작가다

———— 이선희

다른 사람 엿보지 말고 자신의 인생을 돌아보는 일에 집중해야 한다. 모든 결과는 나를 믿는 확신과 신념에서 시작한다. 내가 원하는 인생을 위해서는 먼지 같은 작은 능력, 쌓인 결과물이 있어야 한다. 살면서 가장 중요한 능력은 꾸준히 진행되는 이 작은 성공들이다. 나는 이 먼지 같은 일을 쌓기 위해 매일 쓴다. 쓴 것이 축적되어 공저 다섯 권 전자책 세 권이다. 이 작은 성공 경험이 나를 작가로 만들어 주었다.

예전에는 회피하고 도망갔던 일이지만 늦게라도 도전하고 다시 시작한 글쓰기 코치인 내가 미흡하지만 자랑스럽다. 2006년에 시작했더라면 더 좋은 성과 낼 수 있겠지만 이미 지나간 것은 붙들어 앉힐 수 없다. '그때의 나조차 어떻게 이해하고 사랑할 것인가?'라고 생각해 보았다. 나 자신이 스스로 사랑하는 방법은 과거의 나, 미루고 도망갔던 나도 받아들이고 껴안고 가는 것이다. 그것이 그동안 열심히 산, 나답게 살아준 스스로에 믿음에 대한 보상이다. 다른 사람 평가나 인정에 갈구하지 않는다. 잘못되면 평가나 인정에 중독이 되어 다른 사람 눈치 보면서 사는 아쉬운 인생을 살게 된다. 어느 순간 외부 평가에 영향받지 않고 덜 휘둘린다. '나는 나대로 가치 있는 사람이다.'라고 믿는 나의 믿음의 뿌리, 자기 확신을 가지게 된 일은 글쓰기 덕분이다.

 글이 도저히 떠오르지 않을 때는 블로그라는 글 창고에서 기록을 가지고 온다. 세상에 새로운 것 없다. 특히 본인이 저장해 놓은 석빙고가 아닌 글 창고에서 지금 상황에 맞게 어울리는 나의 글을 가져올 수 있어서 든든하고 행복하다. 나의 깨알 같은 작은 성공은 첫째 매일 블로그 올리는 일이다. 2022년 12월에 시작해서 매일 1일 1포스팅을 올리고 있다. 현재 구독자가 많은 건 아니다. 30명이 넘을 때도 있고 안될 때도 있다. 인원수는 중요하지 않다. 내가 지치거나 그만두지 않고 지속할 수 있는 꾸준한 열정 유지 덕분이다. 나는 열정 파워우먼이다. 지금까지 해 오고 있는 것 작게 시작했고 계속하고 있다. 누가 도와줄 수 없다. 둘째, 작가로 불리기 위해 독서도 전략적으로 한다. 무조건 열심히 하는 일은 옳지 않다. 효율적으로 해야 한다. 한 달에 두 번 열리는 자이언트 천무 독서 토론에 참여하기 위해 읽고 있다. 해냄 글쓰기 초보작가들과 나누기 위해 따로 읽고 있다. 서점도 자주 들리고 도서관도 매주 움직인다. 그곳에서 책 읽고 문장 뽑고 다시 정리하는 일 반복하고 있다. 셋째, 다른 사람 평가나 인정에 휘둘리지 않는다. 글을 쓰는 일은 나를 사랑하는 일이며 마음을 단단하게 만드는 일이다. 매일 읽고 쓴 대로 적용하고 산다면 삶도 달라지기 때문이다.

독서모임 두 개를 꾸준히 운영하고 있다. 이번에 솔숲 작은 도서관이 최고의 도서관 운영으로 선정되었다고 한다. 축하한다고 관장님께 인사드렸더니 "독서모임 하는 곳 다른 도서관 없다고 선생님이 도와준 덕분"이라고 말해준다. 타인을 위한 일 한 가지씩 해내며 자기인식을 한다. 나의 기량이나 품성을 정확하게 파악한다. 시작하면 끝까지 끌고 나가는 일. 꾸준히 오랫동안 할 것이다. '나'에서 시작해서 다른 사람까지 함께할 수 있는 일이다. 독서모임을 통해 읽고 토론하는 일을 멈추지 않는다. 그리고 함께 공저 글 써나가면서 한 사람이라도 의식이 확장되고 북극성을 바라볼 수 있는 힘을 가지게 돕고 싶다. 그 일이 해냄이 하는 일이다.

처음 글쓰기 코치 뽑을 때 많이 망설였다. 코치가 되기 위한 비용의 문제가 아니었다. 내가 이 나이에 계속 지속할 수 있을까? 이것이 가장 중요한 문제였다. 이런 내 안에 욕구를 확인하기 위해 이현주 작가에서 전화를 걸었다. 나보다 늦게 자이언트에 들어온 작가다. 그런데 현주 작가가 확신에 찬 음성으로 이렇게 말했다. "저 글쓰기 코치하기로 했어요. 아직 책 쓰지 않은 작가도 상관없다고 했어요." 들어와서 '배우고 익히기'만 하면 된다고 이은대 작가가 이야기했다. 라는 이 한마디에 결연하게 도전해 보기로 했다. 이은대 작가님 믿는다. 이 분야에서 최고다. 그리고 가장 중요한 사람은 그동안 어떤 일도 하다가 그만두지 않고 지속하는 힘과 인내를 가진 나, 해냄이다. 꾸준한 성과를 낸 해냄인데 무엇이 걱정인가? 이렇게 자기 믿음을 유지했다. 그리고 작년 5월부터 무료 특강을 매달 두 번씩 지속하고 있다. 사람이 한 명도 오지 않던 날, 혼자라도 강의한다. 내가 할 일 오늘 해내는 것이다. 그렇게 해 온 원동력은 반복의 힘, 먼지 같은 작은 일들의 꾸준한 축적으로 증명하는 것이다.

자기 확신에 대한 스토리를 하나 들려준다. 하버드 대학에 커트 리히터 박사가 실험을 했다. 물속에서 생쥐가 얼마나 오랫동안 살아남을 수 있는지 확인해 보았다고 한다. 그 결과는 실험으로 증명했다. 확인 결과 평균적으로 쥐들은 물속에서 15분 정도 버티다가 가라앉는다. 사실을 확인했다. 이어서 곧바로 두 번째 실험을 진행한다. 이번에는 첫 번째 실험과 다르게 쥐들이 지쳐서 가라앉기 직전에 쥐들을 꺼내서 구해주었다. 몇 분 뒤 다시 쥐들을 물속에 집어넣었다. 두 번째 실험에서 쥐들은 얼마나 버텼을까? 15분이었을까? 아니다. 쥐들은 무려 60시간을 헤엄쳐 버텼다고 한다. 60분이 아니라 60시간을 버틸 수 있었던 것은 바로 조금만 버티면 누군가 꺼내준다는 믿음이 생겼기 때문이다. 이 현상을 본 리히터 박사는 이런 결론 내렸다. 삶과 죽음은 신체적 원인보다 심리적 요소가 더 밀접하다. 이렇게 믿음이 가져다주는 힘은 강력하다.

그중에서 가장 강력한 것, 나를 믿는 자기 확신이다. 먼저 나를 믿어야 타인을 믿을 수 있다. 자기 확신이 있고 없고는 제아무리 좋은 배경에서 태어났다 한들 혹은 힘든 환경에서 키워졌다 한들 상관이 없다. 사람의 환경보다 더 중요한 자기 확신은 결국 자존감을 바탕으로 생긴다. 자아존중감은 자신을 존중하고 가치 있는 존 재라고 인식하는 마음이다. 로젠버그 학자가 말한 자신의 가치에 대한 긍정적인 평가 또는 태도다. 이런 긍정적인 평가 태도는 살아 가면서 마주하는 곤경에 고군분투할 힘을 모을 수 있다.

어제는 박사 동기였던 학우를 오성역 근처에 있는 엘라도라 카페 에서 만났다. 만나서 공저 코칭하기로 했다. 12시에 만나기로 했는 데 약간 늦었다. 웃으면 안으로 들어오라고 한다. 점심시간을 기꺼 이 내준 학우는 학교 다닐 때도 성실하게 공부한 동료다. 고맙게 2023년 생일에 문자가 와서 반갑게 답글 주었는데 생일 케이크까 지 보냈다. 서로 선물 주고받았다. 그리고 해냄 공저 2기 모집 블로 그 글을 보냈더니 본인도 공저해도 되느냐 한마디에 힘입어 해냄 공저 2기 신나게 출발했다. 그 고마움, 그리고 공저자가 고민하고 있는 문제를 해결해 주기 위해, 1:1 코칭으로 하기 위해 시간을 낸 것이다. 가난한 집안을 돕기 위해 어려서부터 꿈꾸던 변호사 공부 를 지속하지 못하고 나라에서 장학금 받을 수 있는 금오공고를 지 원했다는 스토리를 들으면서 그 어떤 사람도 탁월한 스토리 가지 지 않는 사람 없다는 생각을 해 본다. 나는 파스타 본인은 돈가스 시켜서 맛있게 먹고 옆으로 옮겨 앉았다. 본인 이야기 들으면서 4 꼭지 중 2꼭지를 함께 읽고 수정했다. 뿌듯했다. 누군가를 시간 내 서 도울 수 있는 직업, 나는 작가다. 작가이기에 기꺼이 시간을 내 어줄 수 있다. 그리고 충만한 인생 이야기, 삶과 글에 대해 나누었 다. 귀한 시간을 젊고 잘생긴 학우와 함께 보낸 날이다.

누군가가 나에게 직업이 무엇이냐고 묻는다면 자신 있게 작가라고 한다. 9월이면 자이언트 입문한 지 2년이다. 멈추지 않고 달려왔다. 작가라는 이름에 걸맞게 살기 위해 오늘도 새벽 5시 50분에 의식처럼 일어나 물 한 잔 마시고 노트북을 켠다. 어제 남편에게 저녁을 준비해서 회사까지 가져다주는 날이라 몹시 피곤하다. 그래도 나의 의례적 행위는 멈추지 않는다. 무엇 때문에 하지 않는 일 없다. 나의 정체성에 걸맞게 나는 나에서 우리로 나아가는 일 계속한다. 지금 공저 작가 글을 읽고 있다. 한 사람당 한두 꼭지 수정하는 일이다. 오늘도 나는 작가이기에.

07

사진이 책이 된다고?

─────────────────────────── 이성애

책을 쓰려니 두려움이 컸습니다. 글쓰기를 배우면서 전문가만 책을 쓰는 게 아니라 나도 쓸 수 있겠다는 생각이 들었습니다. 일상의 기록들이 책이 된다는 사실을 깨닫게 된 거지요. 주위 사람들의 경험이 책으로 나오는 것을 실제로 보았습니다. 그러고 보니 요가 교실에서 만난 '엉아'의 일상을 책으로 쓰려고 했던 기억이 떠오릅니다. '엉아'는 제가 좋아하는 동네 언니의 애칭입니다.

엉아를 만난 건 내가 다니던 요가 교실이었습니다. 시니어 대상 올바른 자세 관리 프로그램에 신입 회원으로 들어왔습니다. 요가는 처음 해 보는 거라고 했고, 스포츠센터 시설들을 낯설어했습니다. 요가는 앉는 자리가 매우 중요합니다. 특히 초보자일 경우 자세를 봐가면서 해야 해서 거울에 내 모습이 비칠 수 있는 곳이 좋은 자리입니다. 맨 앞자리를 피해 세 번째 줄에 매트를 깔아주었습니다. 운동할 때 쓰는 기구들도 챙겨주었습니다. 아무것도 모르는

늙은이를 살갑게 챙겨주어 고맙다고 했습니다. 엉아는 베풀고 나누는 삶이 몸에 밴 분이었습니다. 요가원에 올 때면 해외여행에서 비싼 돈 주고 사 온 커피라며 커피와 떡을 가져와 회원들과 나누어 먹었습니다. 운동이 끝나면 마음 맞는 회원들과 어울렸습니다. 서먹했던 사이가 밥 몇 번 먹고 나니 속내를 털어놓을 정도로 가까워졌습니다.

제가 여행을 가게 되었습니다. 언니들에게 세상 구경 잘하고 와서 다시 요가원에서 만나자고 했습니다. 여행에서 돌아와 보니 사위가 교통사고로 입원 중이었습니다. 요가원에 갈 수 있는 상황이 아니었습니다. 언니들과 만나자는 약속을 못 지키게 되었지요. 우리는 여름에 헤어졌습니다. 가을과 겨울을 지나 그 이듬해인 봄이 되어서야 안부를 물었습니다. 오랜만의 전화 통화여서 반가웠지만, 깜짝 놀랄 말을 들었습니다.

"동상아! 내가 치매란다. 나 어떡하냐?"
"엉아! 이게 무슨 소리야 누가 엉아더러 치매래?"

전화를 끊고 바로 뛰어갔습니다. 현관에서 신발도 못 벗은 채 도대체 어떻게 된 거냐고 물었습니다. 신경과에서 치매 판정을 받았다고 했습니다. 치매 3단계에서 4단계 올라가는 상황이라고 하네요. 씩씩하고 당당한 옛 모습은 온데간데없고 허리도 꾸부정하고 멀쩡했던 다리까지 절뚝거렸습니다. 친자매는 아니지만 그런 모습을 보니 속이 상했습니다. "그래서 의사가 뭐라고 했는데? 어떻게 하라고 했는데?"라며 대들 듯이 따졌습니다. 엉아는 의사가 친구들과 자주 어울리라고 했다는데 통 나가기 싫다고 했습니다. 그 누구에게도 이런 모습을 보여 주기 싫고, 자존심 상한다고요. 하루종일 TV만 들여다본답니다. 혼자 있으니 말 한마디도 안 하게 된다네요. 하루가 이렇게 길고 무료한지 몰랐답니다. 엉아는 치매도 문제지만 치매에 걸렸다는 사실에 더 힘들어하는 듯 보였습니다.

엉아에게 다시 활기를 찾아주고 싶었습니다. 큰 소리로 말했습니다.

"엉아! 진짜 치매는 자기가 치매에 걸린 것조차도 모르는 게 치매야. 엉아는 치매라는 것을 알고 있잖아. 자신이 치매라고 알고 있으면 얼마든지 고칠 수 있다고. 걱정하지 마. 이제부터 나랑 놀자. 노래도 부르러 다니고 운동도 예전처럼 다니자고. 그리고 우리가 누군데 그까짓 치매에 기가 죽어. 치매라도 다리만 멀쩡하면 얼마든지 즐기면서 살 수 있다고."

운동은 꼭 해야 하니 스마트폰에 만보기 앱을 깔아드렸습니다. 집에만 있지 말고 하루에 오천 보는 꼭 걸으라고 했습니다. 나도 내 생활이 있으니 매일은 같이 있을 수 없지만, 매주 금요일 오전에 한 번은 엉아랑 놀 수 있다고 했습니다. 금요일 만나서 점심을 먹기로 했습니다. 가는 차 안에서 조수석에 앉은 엉아에게 말을 겁니다. "엉아 어제 뭐 하고 지냈어? 그제는 뭐 했어? 손주는 언제 만났어?" 지난 일을 기억하도록 자꾸 말을 걸었습니다. 다 기억해 내는 것은 아니었지만 그런대로 얘기를 곧잘 합니다. 치매라고 하지만 이 정도라면 생활하는 데 크게 지장을 주지는 않을 것 같아

다소 안심이 되었습니다.

밥상이 차려졌습니다. 휴대전화로 사진을 찍으라고 했습니다. 밖에 풍경도 찍고 반찬도 찍고. 엉아가 찍고 싶은 대로 찍으라고 했습니다. 손이 떨려 찍은 사진이 엉망이 됐다고 합니다. 그래도 괜찮다고 했습니다. 집으로 돌아와 밥 먹을 때 찍은 사진들을 가지고 놀았습니다. 엉아 사진에 예쁜 꽃으로 치장해서 보여 주었습니다. "아니, 내가 이렇게 예뻐?"라며 좋아했습니다. 이런 사진을 여러 장 만들어 엉아가 좋아하는 노래를 넣어 동영상을 만들어 주었습니다. 이번에는 엉아 사진에 뿔난 소머리에 벼락 맞은 우스꽝스러운 스티커를 넣었습니다. 다른 동물스티커를 넣어 동영상을 만들었습니다. 이걸 본 엉아는 하얀 틀니를 드러내며 아이처럼 웃었습니다. 이번에는 엉아가 찍은 사진을 가지고 놀자고 했습니다. "엉아, 자 봐봐. 요것만 잘라내면 근사한 작품이 될 거야." 머리를 맞대고 사진 자르기를 했습니다. 쓸데없는 부분을 잘라낸 걸 보고는 재미있다고 하길래 사진에 "엉아 사랑해"라는 문구를 넣기도 했습니다. 편집된 사진이 예뻐지면 엉아의 얼굴도 환해졌습니다.

어느 날 엉아네 집에 갔더니 전화기를 내밀었습니다. 전화기를 바꿨더니 도대체 뭐가 뭔지 모르겠다며 답답해했습니다. 기본적인 사용법을 알려주고 있는데 거실에 걸린 사진이 눈에 들어왔습니다. 환갑 때 찍은 사진과 아들 결혼사진이었습니다. 사진을 구경하다 엉아네 아저씨가 진짜 잘생겼다고 했습니다. 아저씨 젊었을 때는 상당히 멋쟁이였을 거라고 했습니다. 맞는다고 고개를 끄덕였습니다. 먼저 떠난 남편이 그리운가 봅니다. 엉아 아저씨가 보고 싶으냐고 물었습니다. 보고야 싶지만 어디서 보겠느냐고 체념하듯 말했습니다. 보고 싶으면 봐야지, 앨범에 아저씨 사진 있을 게 아니냐고 했습니다. "사진은 많지."라며 오래되어서 볼 수나 있을지 모르겠다시며 앨범을 들고나왔습니다.

엉아는 앨범을 들추더니 이 사진은 아들 소풍 가서 찍은 사진이고, 저 사진은 손주 백일사진이라며 신이 나서 이야기를 쏟아내기 시작했습니다. 나는 얼른 스마트폰의 '음성녹음'을 눌렀습니다. 그리고 엉아에게 나와 함께 책을 쓰면 어떻겠냐고 물었지요. 지금 한 이야기를 책으로 남겨 놓으면 나중에 손주들이 할머니를 추억할 수 있을 거라고요. 엉아는 눈도 침침하고 글씨도 안 보이는데 어떻게 책을 쓰느냐며 나를 쳐다보았습니다. 엉아! 엉아는 지금처럼 말만 하면 된다고 했지요. 그게 어떻게 책이 되냐고 합니다. 엉아가 지금 말한 것을 글씨로 변하게 하는 기술을 내가 알고 있다고 했습니다. 그래서 우리는 사진으로 책 쓰기를 하게 되었습니다. 남들은 치매 환자가 책을 쓴다면 믿지 않을 것입니다. 오래된 사진을 같이 보고 수다만 떨면 됩니다. 글씨를 못 써서 책을 못 낸다고요? 말로만 하면 글씨로 변환되니 이것을 책으로 만들 수 있는 세상입니다. 나는 엉아와 놀면서 말로 한 이야기를 글로 쓰는 작가입니다. 사진으로 책을 쓰는 작가요. 치매 환자에게 기억을 찾아주는 행복한 작가입니다.

08

'덤벼라'보다 '웃어라'

─────────────────────────── 이은설

덤벼라 서울아! 한 판 붙자.

네가 이기나. 내가 이기나. 한번 해보자. 누구든지 걸리기만 하면 멱살을 잡고 한번 흔들고 싶었다. 항상 두 주먹 불끈 쥐고 신호를 기다렸다. 마음은 늘 불만과 울분으로 가득 차 있었다. 감사해야지 하면서도 원망과 불평을 안고 살았다. "처음 이 선생, 볼 때 얼굴에 살기가 있었어!" 그분은 무심코 한 말인지는 모르겠지만, 순간 나는 아차! 하는 당혹감을 감출 수 없었다. 솔직하게 피드백해 주는 것은 감사했다. 한편으로는 반감도 들었다. '내가 그랬다고? 얼굴에 살기 있는 사람을 왜 채용했을까.' 차마 면전에서 바로 물을 수는 없었다. 지금도 웃지 않는 내 얼굴을 보면 그 말이 생각난다. 내 얼굴이 그렇게 무표정하고 굳었다는 생각조차 하지 못하고 살았다. 늘 불안했다. 누가 나를 잡으러 올 것 같은 두려움 속에서 살았다. 돌아보면 굳은 표정과 무뚝뚝한 행동으로 주간보호센터에 근무할 수 있었던 것만으로도 감사한 일이었다.

2021년 7월 자이언트 입과 했다. 자이언트 입과는 내 삶의 전환점이 되었다. 배운 것을 전부 기억할 수는 없지만 지금도 귀에 뱅뱅 도는 말이 있다.

"아기가 태어날 때 세상 살아갈 준비 다 하고 태어납니까."

"작가는 명동 한복판에서 벌거벗을 각오하고 글을 쓰십시오."

수업 시간 작가들의 진지한 표정을 보고 말씀하셨다.

"웃지 않는 사람 무슨 일을 해도 성공할 수 없다. 표정 환하지 않고는 무슨 일을 해도 성공하지 못한다. 웃어라. 무조건 웃어라. 인상을 펴라."

"아버지 병원에 입원했습니까."

"완전 초상집 분위기 같다." 하실 때는 나도 모르게 환하게 웃게되었다. 사부님이 저렇게 강조하고 목청을 높이시는데 내가 너무무심한 것 아닌가 하는 생각이 들기도 했다. 연식이 된 것뿐인데, 목석도 아닌 것이 어쩜 이렇게 웃는 것이 어렵고 힘들까. 단순히마음 바꾸고 웃으면 되는데. 웃지 못하는 내 모습이 부끄럽고 초라해 보인 적도 많았다. 수업 시간이 끝나고 시간이 나면 의식적으로웃기 위해 거울을 보며 연습했다. 길 가다가 생각나면 혼자 히죽거렸다. 마스크를 끼고 웃으니, 남들이 쳐다보지도 않았다. 자유롭게웃을 수 있었다. 세상이 나를 보고 웃는 것 같다는 생각이 들기도했다. 그래도 아직은 부족하다. 의식해야 웃고, 의도적으로 노력해야 하는 수준이다. 환한 표정으로 살기 위해 노력 중이다.

2023년 12월 1일은 자이언트에서 내가 완전 부끄럽고 창피한 날이었다. 예약 판매 겨우 마치고 11월 28일 수강생 한 명과 무료특강이 예정되어 있었다. 11월 26일 오후 7시경에 사부님이 카톡으로 물었다. 12월 1일 출간기념 저자특강이 가능하냐고 하셨다. 생각지도 못하고 있었고 무엇을 해야겠다는 결정도 하지 못했다. 시간이 촉박했지만 매도 먼저 맞는 놈이 낫다는 생각에 덜컥 약속하고 말았다. 글 쓰는 것이 뭔지도 모르고 초고라고 썼다. 퇴고를 어떻게 해야 하는지도 모르고 하게 되었다. 출판사 투고 원고, 수정 예약 판매 전부 처음이었지만, 지도하고 가르치는 대로 그냥 따라 했다. 출간기념 저자특강만큼은 혼자 스스로 해야 했다. 다른 작가들의 자료도 수집했지만, 미처 열어 볼 엄두도 내지 못했다. 아침 7시 출근하면 오후 3시 퇴근했다. '오늘 퇴근 후에 해야지, 내일 출근하기 전에 해야지.' 생각했지만, 하루하루가 눈 깜짝할 사이 지나가 버렸다. 닷새 동안 리허설 한 번 하지 못하고 무대에 섰다. 지금 생각하면 요점만 잡고 시간 배분했으면 좋았을 걸 하는 아쉬움이 남는다. 혹시 시간을 초과할까, 걱정되었다. 마치고 보니 15분이나 일찍 마친 것을 알았다. 나도 모르게 내년 이맘때는 더 잘하겠다는 약속하고 말았다. 물론 나머지 시간은 사부님이 전부 채워주셨다. 그렇게 엉망으로 마친 저자특강을 자이언트 작가님들은 하나같은 천사표였다. 못했다는 말 한마디도 없고 전부 격려와 칭찬의 말뿐이었다. 얼굴이 더 붉어지는 것 같았다. 겉모습만 보는 것이 아니고 나의 보이지 않는 부분까지 읽고 응원해 주는 마음에 가슴이 찡했다. 자이언트 식구라는 따뜻함이 전해졌다. 잘하고 못하는 것이 문제가 아니었다. 그냥 초고를 쓰고 지도하시는 대로 퇴고하고 투고 후 여러 과정을 거치며 저자특강까지 마치는 첫 코스를 통과했다. 책을 쓰기 전에는 들리지 않던 내용들이 귀에 쏙쏙 들렸다. 경험을 한 번 한 것과 하지 않는 것은 이렇게 차이가 나는구

나. 아는 만큼 보인다는 말의 의미를 다시 새겼다. 입과 후 자이언
트 수업 시간을 중요하게 생각했다. 지금도 문장 수업 시간, 정규
과정, 라이팅 코치 과정, 전자책, 천무 수업 하나도 빠지지 않으려
고 노력한다.

저자특강을 마친 이튿날은 토요일 당직이었다. 다섯 시 근무를
마치고 서둘러 교보문고 광화문점으로 갔다. 가기 전 출판사에 연
락하니 책이 세 권 서점에 있다고 했다. 혹시 그동안 누가 사 갔으
면 어쩌나 하는 생각에 가지고 있던 책 세 권을 가방에 넣어 출발
했다. 초보 작가의 기우였다. 책은 세 권 그대로 있었다. 약속한 J
선배는 미리 와서 신간 판매대 앞에서 나를 기다리고 있었다. 함
께 하기로 한 중학 동기는 독감이 걸려 꼼짝을 못 했다고 늦게 연
락을 받았다. 나를 축하해 주는 사람이 선배 한 사람밖에 없었지
만, 그 순간만큼은 행복했다. 한 사람이 내 곁에 있다는 것이 이토
록 소중한 일이구나. 지나가는 사람들 피해 가면서『나는 꿈을 이
루는 요양보호사입니다』책을 들고 사진을 찍었다. 바닷가의 모래
알보다 작지만, 교보문고의 수많은 책 중에서 내 책도 한 귀퉁이에
있다는 것이 믿기지 않았다. 초보 작가의 책은 신간 판매대에서 며
칠 뒤에 사라지지만, 그 시간만큼은 즐겁고 행복할 수 있다. 다양
한 포즈를 취하면서 사진을 찍었다. 혼자서 세상을 다 가진 것 같
았다. 자리를 이동했다.

광화문 맛집이라는 닥터로빈에서 J 선배와 함께 저녁을 먹었다.
식당 통로에서 아래로 보이는 공간에 다른 층에 있는 식당이 보이
는 곳이었다. 실내에서 파라솔이 있는 곳도 있었고 사람들이 바로

보이는 곳도 있다. 예약하지 않았지만, 식사는 가능했다. 테이블 위에 있는 키오스크로 단호박 콩 크림수프와 파스타를 주문했다. 이런 식당은 처음이고 음식도 낯설지만, 이 순간만큼은 세상 부러운 것 없었다. 처음 서울 왔을 때처럼 주눅 들거나 쭈뼛거리지 않았다. 내가 나를 위한 시간이었다. 동행해 준 선배 역시 나를 위해 사진도 찍어주고 작은 배려를 아끼지 않았다. 그동안의 힘듦과 어려움을 잊을 수 있는 소중하고 귀한 시간이었다.

저녁을 먹고 밖으로 나왔다. 시간이 제법 되었다. 함께해 준 J 선배한테 오늘 고마웠다는 인사하고 집으로 향했다. 네온사인 불빛 화려한 광화문 횡단보도 앞에 섰다. 광화문 거리의 불빛처럼 내 마음도 환했다. 자이언트 덕분에 웃어야 하는 것을 알았고, 웃게 되었다. 엔도르핀의 4,000배인 다이올레핀은 감동할 때 나오는 호르몬이라고 한다. 서울아, 웃어라. 너도 웃고 나도 웃자. 이제는 덤벼라, 보다는 웃어라! 밝은 표정으로 살고 싶다. 작은 일에 늘 감탄하며 열광하며 살고 싶다. 힘들지만 웃을 수 있는 여유, 바쁘게 사는 생활 속에서 웃는 내가 되어 환한 표정 지어본다.

09

글을 쓰고 좋아진 점

———————————————————————— 이현경

신문을 펼쳤다. 서울 도서관 현판을 바꿨다는 기사가 눈에 띄었다. 현판이란 외벽 대형 글을 의미한다. 서울 도서관은 시청에 있다. 벽면이 천장까지 책으로 가득 차 있고, 계단에 앉아 편안하게 책을 읽을 수 있는 공간이 있는 장소다. 시청 앞 무대 음악회를 듣곤 했다. 십여 년 전 매일 출퇴근할 때는 현판에 뭐가 있었는지 유심히 본 적 없다. 2024년 2월 현판에 들어가는 문구와 디자인 공모를 했다 한다. 신문 속 예쁜 글씨가 눈에 띄었다. 이 기사로 글을 쓰기로 정했다. 블로그를 썼다. 기사를 못 본 사람들이 좋다 했다. 글을 쓰고 작가가 되니 전에는 보이지 않던 게 보이고 글을 보고 반응해 주는 사람이 생겼다.

글을 쓰기 전에는 자신감이 없었다. 육아를 병행하며 공부방에서 일하다 보니 사람들 만날 기회가 적었다. 코로나 시기에는 아이를 데리러 가는 일이 아니면 모든 일을 온라인으로 해결했다. 2019

년부터 본격적으로 블로그를 썼다. 처음에는 비대면이라 편하다고 생각했다. 아니었다. 온라인 세상에도 인간관계가 필요했고, 온라인 인연으로 시작하지만 만남과 사귐이 있어야 더 성장할 수 있었다. 온라인으로 만나는 인연이 하나둘 늘어났다. 블로그 이웃이 늘어났고, 커뮤니티 행사나 교육에 참여하여 인사를 나눌 일이 많아졌다. 오프라인 만남이 있는 날에는 쭈뼛대며 인사 나누고 집에 돌아오기 바빴다. 책을 출간한 뒤 도서관이나 평생학습기관 등에서 강의 제안이 왔다. 연락을 받을 때마다 심장이 두근거렸다. 요청받은 강의는 초등 독서법, 초등 독서습관 등의 내용이었는데, 잘할 수 있을지 걱정이 컸다. 글을 쓰기 전에는 사람들 앞에서 강의하는 건 상상도 안 한 일이었다. 떨렸지만 하기로 했다. 어떤 일이든 처음이 있지 않은가. 200명 학부모 대상으로 비대면 강의도 했고, 도서관에서 대면 강의도 했다. 내가 한 경험으로 돕는 일이다. 자신감을 가지기로 했다. 책을 출간하고, 글을 쓰면서 용기가 생겨났다.

글을 쓰고 나서 좋아진 점은 삶의 태도가 바뀐 거다. 크게 두 가지 달라졌다. 첫째, 긍정적인 면을 보고 새로운 일을 두려워하지 않는 거다. 사람 만날 때 좋은 점을 보려 했다. 누구에게나 배울 점이 있었다. 또, 어떤 일을 시작할 때 두렵더라도 일단 해 보는 거다. 전자책을 쓰는 일도, 브런치 작가에 도전하는 일도 처음에는 다 떨렸다. 블로그에서 독서모임을 모집하거나, 독서습관 만들기 프로그램을 공지할 때 그냥 하지 말까, 하는 마음이 들기도 했다. 불안했지만 시도했다. 독서모임 신청자가 없을 때도 있었고, 프로그램 모집했을 때 한 명도 안 오기도 했다. 괜히 시작했다 싶은 일도 있었다. 그러나 끝나고 나면 항상 배웠다. 소규모 인원이어도 시작하기로 한 일은 했다. 100일 책 읽기 챌린지, 100일 글쓰기 프로그램 도전했다. 초등 글쓰기 프로그램, 초, 중등 독서모임도 모집했다. 조금씩 성장하고 있다. 처음 하는 일 시도하고, 새로운 사람을 만나고 있다.

둘째, 일상과 사람을 주의 깊게 보게 되었다. 아이를 관찰하고, 주변 사람을 살펴봤다. 논술 수업을 한다. 수업 시간이 되면 아이들이 와글와글 떠들며 들어온다. 어느 자리에 앉을 건지 자리 쟁탈전이 있다. 마음에 드는 자리에 앉은 아이는 표정이 의기양양하다. 한발 늦은 아이는 풀이 죽는다. 주말 지낸 이야기 물어보며 기분 풀어준다. 집중하는 아이들이 기특해서 간식 한 줌 나눠 준다. 책을 읽고 느낀 점 이야기하고 글도 써야 한다. 등장인물의 경험과 비슷한 자신의 경험을 떠올리라 했더니 한 명이 쓰기 시작했다. 여러 명이 함께 하는 수업은 수업 흐름이나 분위기도 중요하다. 쉬지 않고 써 내려가니 기특하고 예쁘다. 한 명씩 돌아가며 쓴 글 읽고, 칭찬해 주었다. 다음 수업까지 책 잘 읽고 즐겁게 지내자고 말하며 배웅했다. 수업한 내용을 기록하며 일기를 썼다. 수업 분위기, 교사로서 잘한 점, 보완할 점도 적지만 아이들 기분과 반응도 써둔다. 수업에 관한 질문이나 상담이 있을 때 참고하기 좋다. 글쓰기를 하고 나서 하루를 기록한다. 소소한 기쁨이 느껴질 때 많았다. 글을 쓰다 보니 큰 기쁨보다 작은 기쁨이 쌓이는 게 더 좋다. 작은 수첩 여러 개 있다. 스치는 생각을 수첩에 적었다. 나중에 정리해서 적어야지 했다가 잊어버린 게 한두 개 아니다. 생각날 때 후딱 적어두는 게 상책이다. 일상을 관찰하게 되었다. 글을 쓰니 삶의 태도도 변했다.

쓰지 않을 때 아쉬운 순간을 놓친 적 많다. 활짝 웃는 사진 속 이야기는 기억에만 의존했다. 사진도 없는 기억은 사라졌다. 어떤 일을 하며 지냈는지 모를 시간이 뭉텅이 기억으로 존재한다. 첫째가 태어나고 친정의 도움을 받고자 잠시 친정 근처에서 살았던 적 있다. 친정엄마가 2년 도움 주셨다. 엄마가 도와주셔서 독서 논술 교사로 직업을 바꾸기 전 마지막 직장 생활할 수 있었다. 아침 일찍 출근하고, 늦게 집에 도착했다. 현관문을 열면 아이는 뛰어나와 엄마를 안았다. 내가 도착해야 친정엄마도 퇴근할 수 있었다. 어떤 일이 있었는지, 잠시 이야기 나눈 후 엄마는 가셨다. 인수인계를 받고 다음 날 아침까지 내 몫의 육아를 담당했다. 이때는 육아 일기도, 블로그 기록도 없다. 쓰지 않았던 시기다. 아쉽다.

아이들 가르친 경험을 정리해서 『엄마표 문해력 수업』, 『항상 100점 받는 아이의 독서법』이라는 두 권의 개인 저서를 출간했다. 그저 기록했던 육아 일기, 일상의 메모, 수업 후기가 글감으로 쌓였다. 초중등 아이들을 키운 경험으로 육아로 어려워하는 누군가를 도울 수 있고, 독서 논술 수업한 경험으로 책 읽고 글 쓰는 데 힘들어하는 아이들을 도울 수 있었다. 나의 경험으로 다른 사람을 도울 수 있는 거다. 작가가 되고 나서 블로그를 통해 강의 의뢰가 들어온다. 초등 독서습관 모임 운영하고 있다. 글쓰기 특강에 블로그 이웃분들이 신청해 주고 있다. 독서모임을 운영하고, 브런치 글쓰기도 하고 있다. 전자책을 쓰고, 전자책 주제로 블로그에서 강의 모집도 했다. 글을 쓰고 작가가 되니 하는 일이 많아졌다.

지금, 쓰는 사람으로 살아서 좋다. 작가가 되어 나의 이야기를 전할 수 있어 행복하다. 글을 쓰니 세상에 좀 더 적극적으로 나를 드러낼 수 있게 되었다. 도서관, 기관 등에서 강의 제안을 받으면 적극적으로 하게 되었다. 이제 새롭게 도전하는 일이 두렵지는 않다. 글을 통해 다른 사람 이해하기도 하고, 나를 바라보기도 한다. 글을 쓰니 일상과 사람을 주의 깊게 볼 수 있다. 주변 사람의 말을 자세히 듣고, 보이는 것도 더 잘 관찰하게 되었다. 독서 논술 수업을 하며 아이들의 반응과 나의 기분을 적는다. 주말에 아이들과 시간 보내며 웃는 모습 쓰고, 사춘기 아이 화내는 모습도 기록한다. 매일 똑같은 일상을 지내지만 떠오르는 작은 생각, 수첩에 적는다. 글 쓰니 주변에서 일어나는 일들을 허투루 넘길 수 없다. 감정도 소중하고, 하루도 귀하다. 글을 쓰니 삶의 밀도가 높아졌다. 사는 게 좋아졌다.

10

매일 쓰고 쓴 대로 살아가는 기쁨

정인구

글을 쓰면 삶이 좋아지고 행복해진다고?

'아~ 따가워' 물만 닿아도 입천장이 쓰리고 아프다. 잇몸 이식 수술한 것은 일주일 전이었다. 의사는 잇몸이 약해 입천장 피부를 떼어 이식 수술했다고 했다. 수술 부위에 음식이 접촉되지 않도록 목을 오른쪽으로 젖혀 조금씩 먹었다. 일주일간 약을 먹었는데도 상처가 좋아질 기미가 보이지 않았다. 수술이 잘못된 거 아니야? 치과에서 수술도 하나? 무언가 미숙한 게 아닐까? 의심이 서서히 들기 시작했다. 조급함을 참지 못하고 대학병원 다니는 간호사 K에게 전화했다. 괜찮을 거라며 힘들면 병원을 방문하라고 했다. 월요일 개원 시간에 맞춰 치과로 갔다. 접수대 간호사 2명이 나를 맞이했다. 분명 수술이 잘못되었을 거라 생각하고 엄살을 부렸다. "아파서 물 한 방울도 못 마시겠어요!" 의사는 기구를 넣어 치아 사이에 뭔가를 끄집어내고, 소독하고, 입 안을 씻었다. "자극적인 음식은 피하고 혀를 상처 부위에 대지 마세요. 절대 술, 담배 하시면 안 된다."라며 조금만 기다리면 상처가 아문다고 했다. 임플란트를 8개째 시술했다. 입안이 점점 터미네이터로 바뀌고 있다. 술에 절어 치아 관리를 하지 않은 탓이다. 글을 쓰면서 술을 끊었다. 예전 같으면 '언제부터 술을 마실 수 있느냐'부터 의사에게 물었을 터다. 지금은 그럴 필요 없다. 계속 술을 마셨다면 치아는 더 나빠졌을 것이다. 오늘 있었던 일을 메시지로 만들고 글을 썼다.

'임플란트 수술 후에도 수술 부위가 제대로 안착했는지 정기검진 받는다. 검진 도중 다른 치아 잘못된 부분을 고쳐주고, 스케일링도 해 준다. 내 삶도 마찬가지다. 제대로 가고 있는지 정기적으로 되돌아보고 고치고, 스케일링할 필요가 있다.' 나는 오늘도 내 삶을 쓰고 고치는 작업 중이다.

자이언트 북 컨설팅 이은대 작가에게 라이팅 코치 수업을 주 2시간, 정규수업 2시간, 문장 수업 1시간, 일주일 5시간 글쓰기 방법을 수강한다. 나에게 맞게 100여 장 강의안을 다시 만든다. 만들면서 공부하고 글쓰기 관련 내용을 습득한다. 강의 리허설을 2시간 한다. 글쓰기 강의를 매주 1회 1시간 30분 동안 한다. 무료특강을 2회 진행한다. 내 생에 이렇게 밀도 있게 배우고 가르친 적이 없다. 지난해 6월부터 59회 강의했다. 강의(라이팅 코치)하면서 내 삶이 점점 좋아진다. 부정적인 생각들이 고쳐지고, 말이나 행동이 바뀐다. 책을 읽으라고 했으면 읽은 내용을 보여주고, 글을 쓰라고 했으면 글을 써서 블로그에 올린다. 강의한 내용을 삶으로 보여주려고 노력하게 되었다. 수강생이 하나하나 늘어갈수록 책임감, 사명감이 커진다. 어떻게든 그들을 도우려고 애를 쓴다. 5년 후, 10

년 후, 나와 수강생들이 '글쓰기로 삶이 풍요롭게 된 모습'이 그려진다. 그때 지금의 나에게 와서 '인구야, 잘하고 있어'라고 격려하기 위해 오늘도 배우고 가르치고 공부하는 것을 게으르게 흘리지 않는다.

　"여보, 좀 살살 가자. 당신 운전하면 무섭다. 손잡이를 세게 잡아 팔에 알통이 생긴다." 한 시간 넘는 거리에 직장이 있었다. 월요일 새벽 5시. 한적한 고속도로, 가속페달을 바닥에 닿을 정도로 밟았다. 늘 다니는 도로라 어느 곳에 교통 법규 위반 감시 카메라가 작동하는지 꿰뚫고 있었다. 경주차도 아닌데 속도를 즐겼다. 가속이 나도 모르게 버릇이 되었다. 끼어들기, 얌체 운전 선수였다. 조금만 여유가 있으면 끼어들었다. 그러다 두 번 사고 났었다. 인적이 드문 곳에서는 적색 신호를 무시했다. 그럴 때마다 아내에게 핀잔을 들었다(아내는 법을 지키지 않는 걸 제일 싫어함). 좀처럼 운전 습관이 고쳐지지 않았다. 글쓰기 수업 중 강사가 "차가 밀리면 글감 생각하기 좋은 기회"라는 말을 들었다. 운전 습관을 바꾸어 보기로 했다. 적색 신호등만 보면 글감을 찾으려 주변을 살폈다. 가로수 은행나무 가지가 연녹색 잎으로 물들어진다. 노란색 유치원 버스 안에 아이들이 창밖을 보고 웃고 있다. 검정, 파란, 쥐색, 흰색, 빨간색 차들도 보인다. 휴대전화기 녹음 기능을 이용 '시작, 출발, 목표, 나만의 색'으로 녹음했다. 보고, 듣고, 느끼는 것에 의미를 두려고 애쓴다. 신호등 기다리는 시간이 지루하지 않았다. 지난주 금요일 독서모임 회원 부친상이 있었다. 조문하고 집으로 오는 길, 부산 요금소를 통과하자 차가 밀렸다. 예전 같으면 밀리는 도로 옆 차선을 달리다가 빈틈이 보이면 잽싸게 끼어들기를 했었다. 이번에도 그럴 뻔했다. 참았다. 엉금엉금 답답하게 차가 움직였다. 원래 금요일 퇴근길이면 상습 정체 구간이다. 예전보다 더 밀렸다. 윤석열 대통령이 부산에 사전 투표를 와서 더 밀린다고 했다. 크게 심호흡했다. 엉덩이를 의자에 딱 부치고 기댔다. 예전 나처럼 끼어들기 하는 운전자가 더러 있었다. 그 모습을 보니 화가 났다. 예전 내 모습이다. 차들이 주차한 듯 움직임이 없었다. 답답했다. 끝까지 차선을 바꾸지 않았다. 명색이 내가 라이팅 코치인데! 수강생들에게 강의할 때 써먹을 에피소드가 생긴 셈이다.

오늘은 아내의 정리 수납 강의가 있는 날이었다. 월요일 출근길, 차가 밀렸다. 앞차 끝이 보이지 않았다. 강의 시작 시각은 점점 다가왔다. 아내는 길게 목을 빼서 앞을 보았다. "여보, 요즘 운전이 부드러워졌네~" 끼어들기를 하라는 말인지 모르겠다. 나는 지금 교통 법규 준수 중이다.

65세 글쓰기 수강생에게 연락이 왔다. 컴퓨터 문맹이라 수업 듣는 데 힘들다고 했다. 줌(ZOOM) 접속, 블로그 작성법, 컴퓨터 세팅 작업해 달라고 부탁했다. 다음 날 해운대 사무실을 방문했다. 블로그 세팅 및 작성법, 줌(ZOOM) 접속하는 방법, 아이패드 굿 노트 활용법, 망고보드로 섬네일 만드는 법, 구글 킵 활용법, 아이패드로 책 읽는 방법을 알려주었다. 얼마 전 서울 딸 집이라며 전화가 왔다. 잔뜩 상기된 목소리로, 손주가 아이패드로 책 읽고, 글 쓰는 것을 보고 신기해했다고, 작가님 덕분에 신식 할머니 대접 받는다고 좋아했다. 라이팅 코치의 삶이 보람 있다. 배운 것을 익혀 예비 작가들에게 공유하며 서로 성장한다. 글쓰기를 통해 나도 수강생도 삶이 좋아지고 있다. 어제 책 쓰기 수업을 듣고 후기가 올라왔다. "(중략) 갈수록 글쓰기 수업이 재미있고 알기 쉽게 설명해 주시는 정인구 코치님께 감사함을 전합니다." 후기를 보고 또 봤다.

유명한 조각가가 화강암을 뚫어지게 보고 있다가 조각하기 시작했다. 화강암은 아무리 봐도 조각상이 될 것 같지 않았다. 시간이 흘러 조각가는 아름다운 조각상을 완성했다. 사람들이 어떻게 이런 작품을 만들 수 있었냐고 물었다. "화강암에서 필요 없는 부분을 제거했을 뿐입니다."라고 대답했다. 작가는 삶을 조각하는 조각가다. 글을 쓰고 고치는 과정에서 부정적인 일과 생각들을 조금씩 도려낸다. 오늘 하루 살면서 보기 싫은 부분, 해서는 안 되는 것들을 함께 고쳐 쓴다. 매일 내 글을 쓰고 고쳐 쓰는 삶을 산다면 인생이 좋아지는 것은 자명한 일이다. 글 쓰는 것은 남을 돕고, 나의 삶을 고치는 일이다. 하여, 글을 안 쓸 이유가 없다.

---

(11)

여행하는 술샘, 작가가 되었습니다

— 정원희

여행을 함께 했던 권부귀 작가님이 글쓰기 수업을 소개했다. 언젠가는 내 책을 한번 써 보고 싶다는 마음이 있었다. 무료특강을 신청했다. 이은대 작가님의 수업을 들으면서 나도 쓸 수 있겠다는 생각이 들었다. 바로 등록했다. 첫 주 수업에서 '글은 누구나 써야 하구나'를 깨달아 글쓰기 홍보대사가 되었다. 바로 다음 달 초등학교 5학년이었던 아들이 등록했다. 주말 아침 수업을 들으러 가는 길이 설레었다. 수업을 수강한 것만으로 작가가 된 것 같았다. 게다가 평생 무료 재수강이라니! 횡재했다. 평생 한 권 쓰는 책이 아니라 일 년에 한 권 이상씩 쓰는 작가가 되고 싶다는 꿈이 생겼다.

여행, 와인, 귀농, 육아……. 쓰고 싶은 이야기에 대한 생각이 가득했다. 상상만으로도 행복했다. 첫 시간에 받은 질문에 답변하면 이은대 작가님이 목차를 기획해 준다고 했다. 6가지 정도의 질문에 대한 답을 하는 데 몇 주가 걸렸다. 쓰고 싶은 것에 대한 막연한 생각만 있었지 명확한 주제는 없었기 때문이었다. 내가 쓰는 글이 누구에게 나의 어떤 경험을 들려줌으로써 어떤 목적을 이루고자 하는가에 대한 답을 할 수 있어야 비로소 주제가 정해진다. 그렇게 해서 첫 번째 책은 여행에세이로 쓰기로 했다. 여행을 떠나고 싶은 이들에게 나의 여행에 대한 경험을 들려줌으로써 여행을 떠날 수 있도록 돕는다는 것이 주제로 정해졌다. 내 이야기를 바탕으로 만들어진 목차에 생각을 더해 40개 정도의 소제목을 완성시켰다.

목차가 정해지기는 했지만 쉽게 글이 완성되지는 않았다. 하루에 한 꼭지를 완성하는 날도 있었고, 여러 날이 걸려서야 겨우 마무리되는 꼭지도 있었다. 엉덩이 붙이고 앉아 글을 쓸 시간이 없었다. 두 달에 한 번 정도 여행을 갔던 2019년 시간은 그렇게 지나갔다. 무료 재수강이라 했으니 수업은 계속 듣고 좀 천천히 써보자는 마음도 있었다. 이제 매일 쓰는 사람이 된 나는 장소와 시간을 탓하지 않게 됐지만 쓰지 않을 이유를 계속 찾고 있었던 것 같다.

2020년 2월 중동 크루즈 여행에서 돌아온 이후 기약 없는 휴가가 시작되었다. 나는 글쓰기를 게을리할 핑계를 더 이상 댈 수 없게 되었다. 출간을 위한 초고를 늦추는 이유를 여행을 많이 가야 하기 때문이라고 자신에게 말하고 있었다. 코로나 때문에 멈춰 버린 여행, 이제는 글을 써야 할 때가 온 것이다. 매일 썼다. 여행을 할 수 없었기에 지난 여행을 추억하는 시간이 더 즐거웠고 소중했다.

많은 사람이 아무것도 할 수 없다고 생각하던 시간이었다. 글쓰기란 도구는 그런 시간을 즐길 수 있게 만들었다. 글을 쓰면서 마음껏 여행할 수 있었던 지난 시간이 감사하다.

20년 전 여행에서부터 코로나 직전의 시간을 자유롭게 여행했다. 한 편의 글을 쓰면서도 아시아를 돌아 유럽까지 시차도 없이 여행했다. 내가 쓴 글들을 통해 독자들이 함께 여행할 수 있으면 좋겠다는 바람이었다.

나의 첫 책은 여행에서 일어난 수많은 경험 속 실패와 성공의 이야기들이다. 시간이 없어서 못 떠나는 사람, 아이가 너무 어려서 여행하기 어렵다는 엄마, 혼자 떠나는 여행이 두려운 사람……. 떠나지 못할 이유에 대한 답변이었다. 그럼에도 불구하고 떠나야 한다는 설득이었다. 그렇게 완성시킨 40편의 글이 모여 한 권의 책이 되었다. 코로나 이전에 기획한 책의 제목을 그대로 쓸 수 없었다. 책을 읽고 당장 떠나고 말했던 제목은 『그곳을 선물합니다, 인생 여행처럼』으로 바꾸었다.

독자들이 자신이 다녀온 여행을 추억하며 선물 같은 시간을 가졌으면 했다. 언젠가 가겠지, 하면서 여행을 미루고 있는 이들에게도 선물을 안겨 주고 싶었다.

2021년 6월 14일 나는 출간한 작가가 되었다. 예약판매 기간에 내 책은 베스트셀러가 되었다. 코로나 기간에 인스타그램을 통해 사귄 친구들 덕분이었다. 내가 쓴 책 한 권이 누군가를 행복하게 만들 수 있고, 뭉클함으로 눈물짓게 만들 수 있음에 감사했다. 서평을 올려주는 사람들의 글을 읽으며, '참 잘했구나. 진즉에 시작했어야 했네.'라고 생각했다.

'작가 정원희'로 불리기 시작했고, 이름에 대한 책임을 지는 사람이 되어야 했다. 작가는 매일 쓰는 사람이다. 그렇게 해서 나는 매일 쓰게 되었다. 1년에 한 권씩 책을 내겠다는 약속을 지키기 위해 쓰기를 멈추지 않고 있다. 내가 해 보고 좋으니 권하였다. 좋은 것이니 더 오래 계속하고 싶어 함께 할 사람들을 모으기 시작했다. 여행하는 친구들, 영어수업에 들어오는 학생들, 비즈니스 모임에서 만나는 대표들……. 누구에게나 글쓰기를 하라고 말한다. 매일 쓰는 챌린지를 하고, 그들과 함께 글쓰기 캠프에 모여 함께 읽고 쓴다. 이제 나는 작가를 돕는 작가가 되었다.

누구든 작가가 되었으면 좋겠다. 자녀 교육에 고민이 많은 엄마, 영업에 대한 남다른 노하우가 있는 영업의 달인, 30년이 넘게 일하고 은퇴한 직장인, 20대의 벤처 사업가 등 누구라도 자신만의 스토리를 정리하여 콘텐츠로 삼고, 출간하고 메신저로 성장하기를 바란다.

평생 취미와 일로 삼고 싶었던 글쓰기다. 작가가 되니, 작가 친구들도 많이 생겼다. 방송 출연도 하게 되었다. 작년 10월 대구 KBS 「아침마당」에 여행의 동반자라는 타이틀로 아들과 함께 출연했다. 여행작가라는 타이틀이 한몫했다. 교수, 대표, 술샘, 작가 등 내 이름 뒤에 붙어 불리는 직업은 다양하다. '작가 정원희'로 불리는 내가 가장 좋다. 쓰는 사람 정원희로 살아갈 날에 대한 기대가 가장 크다. '배워서 남 주자'를 삶의 모토로 삼고 살고 있다. 이제는 한 차원 더 높여 '다른 사람의 성공에 기여하자'라는 목표로 작가의 삶을 살아가려고 한다.

작가는 무엇을 쓸지를 고민하는 사람이 아니다. 누구를 도울 것인가를 생각하는 사람이다. 글을 잘 쓰기 위해 주제, 소재, 구성, 목차 등을 중요하게 생각한다. 기획은 두 번째이다. 내가 작가로서 가장 먼저 해야 할 일은 '누구를 도울 것인지'를 결정하는 것이다.

항저우로 가는 비행기에서 이 글을 쓰고 있다. 때와 장소를 가리며 글을 썼던 나는 이제 언제 어디서든 글을 쓰는 사람이 되었다. 글을 통해 사람들을 만나서, 그들을 어떻게 도울 수 있을지를 고민할 것이다. 더 많은 여행을 하며 더 많은 사람을 도울 수 있는 경험을 쌓아 나갈 것이다.

마치는 글

김형준

　무작정 글을 쓰기 시작했습니다. 잘 쓰고 못 쓰고는 중요하지 않았습니다. 오롯이 나를 위해 쓰다 보니 살맛 났습니다. 글감을 쥐어짜기도, 할 말이 넘치기도 했습니다. 결국, 모든 글은 내 안에서 나왔습니다. 그러니 남의 시선 신경 쓰지 않고 나에게 더 집중하며 살았습니다. 덕분에 작가이자 강사의 삶을 사는 중입니다. 무작정 쓰기 시작한 글이 이제는 나와 누군가의 꿈을 위한 글이 되었습니다. 더 많은 사람이 자신이 쓰는 글을 통해 더 나은 삶을 살길 바라는 마음으로 오늘도 글을 씁니다.

서미소

  글 쓰는 삶을 꿈꿔본 적은 단 한 번도 없었다. 그런데 지금 이 순간, 나는 글을 쓰고 있다. 내 삶이 어떤 색으로 변화될지 설레고 기대된다. 작은 일이 나를 변화시키고, 삶의 의미를 깨닫게 했다. 글쓰기는 나를 알아차리는 도구가 되었다. 이 소중한 경험을 다른 이들과 함께 나누고 싶다. 우리는 소중한 존재들이다. 모든 것이 새로움의 연속이라 느낀다. 경험한 모든 것을 글로 기록하면 함께하는 모든 순간이 소중하고 의미 있었다는 것을 기억하게 될 것이다.

서영식

  글쓰기가 쉽지 않은 이유는 어렵다고 생각하기 때문입니다. 새로운 일은 익숙하지 않습니다. 새 신발로 바꾸면 불편합니다. 발도 아프고 어색합니다. 계속 신으면 편해집니다. 글쓰기도 처음은 힘들지만 계속 쓰면 익숙해집니다. 글 쓰면 나를 알 수 있습니다. 생각 정리가 됩니다. 내 경험과 지식을 나누면 도움을 줄 수 있습니다. 글을 쓰기 전에는 몰랐던 새로운 세상이 보입니다. 어떻게 살고 있는지 살아야 할지 알 수 있습니다. 글을 쓰고 달라지는 삶을 경험할 수 있었으면 합니다.

365페이지를 쓰는 인생

서주운

"글을 쓴다는 것 그것은 내 마음을 가지는 일이다." 글쓰기 스승이신 이은대 작가의 책 『내가 글을 쓰는 이유』에서 발췌한 문장입니다. 글을 쓰기 시작하면서 나를 들여다보고 감정을 알아채고 내 인생을 살아갑니다. 쓰는 순간 달라졌습니다. 하루가 손에 쥐어졌습니다. 삶이 단단해졌습니다. 날마다 웃고 평온하며 행복합니다. 글 쓰는 인생을 만나 다행입니다. 365페이지 채워질 내 인생도, 여러분의 이야기도 궁금해집니다. 매일 읽고 쓰는 삶을 응원합니다.

이경숙

유럽 여행 가방에 아이패드를 챙길 때만 해도 끝날 거 같지 않았다. 공저 쓰기. 드디어 끝이 보인다. 아프리카 사람들이 처음 손에 쥔 코카콜라처럼 생경하기 짝이 없던 물건이었다. 친구들이 모여서 맥주 마시며 수다 떨 때 혼자 방에 남아 서툰 물건과 씨름했다. 초고를 내고 난 다음 날, 동양인이어서 무시하는 듯한 음식점 웨이터에게 짜증이 났다. 친구는 초고 때문에 쌓였던 스트레스를 푼 거 아니냐고 말했다. 서로 별개의 사건이라고 생각했는데. 남프랑스 니스 해변 근처의 맛집. 다시 가서 여유롭게 파스타를 즐기고 싶다.

이선희

글쓰기가 삶이 되었다. 일과 삶이 하나라고 하는데 이제 글쓰기는 나의 삶을 꽉 채워주고 있다. 어제도 오늘도 매일 끄적거린다. 자리에 앉으면 무조건 노트북을 켠다. 이 행위를 습관이라고 말할 수 있다. 처음에는 두렵고 무서워서 피했으나, 운명처럼 글쓰기 코치가 되었다. 사람도 꼭 만나야 할 사람은 만난다. 직업도 그런 것, 같다. 먼 길 돌아왔다. 이제 남은 인생 글쓰기를 통해 근사한 나의 삶을 살고 싶다. 그래서 나의 이야기에 귀를 기울인다. 누구를 위해 쓸 것인가 그 대상을 가슴에 담고 오늘도 먼지 같은 일을 계속한다.

이성애

살면서 인생의 장벽들을 만났습니다. 주저앉지 않고 있는 힘을 다해 난관을 뚫고 지금의 행복을 얻을 수 있었습니다. 이런 작은 경험이 누군가에게 희망과 용기가 될 수 있음을 알게 되었습니다. 내가 겪은 일들을 전하고 싶어 글을 쓰기로 했습니다. 글쓰기는 어려웠습니다. 써놓은 글을 보았을 때 초라했습니다. 어설프고 서툴렀기 때문이지요. 그러나 멈추지! 않으렵니다. 부족해도 쓰다 보면 좋아지라는 확신이 있으니까요.

365페이지를 쓰는 인생

이은설

    좌충우돌하면서 초고를 썼습니다. 퇴고를 어떻게 하는지도 몰랐습니다. 책을 출판하는 것이 저에게는 꿈만 같았습니다. 자이언트를 만난 덕분에 책을 출판할 수 있었습니다. 모르면 배우고 부족하면 채우면 됩니다. 처음부터 잘하는 사람 없습니다. 단련의 고통을 통해 노력하는 사람만이 결실의 열매를 만날 수 있습니다. 세상 모든 일 마음 먹기에 달렸습니다. 순간의 즐거움보다 항상 환하게 웃을 수 있는 마음의 여유를 가지고 싶습니다. 읽고 쓰는 삶의 의미와 가치를 생각합니다. 일기장을 펼치고 하루를 마무리합니다.

이현경

    글을 쓰니 삶이 좋아졌습니다. 새로운 일을 두려워하지 않게 되었습니다. 일상을 다르게 바라보고, 소중히 여기게 되었습니다. 계속해서 쓰는 사람으로 살고 싶습니다. 지금과는 다른 삶을 살고 싶은데 시작하기가 두려운 사람들이 있다면 제 글을 읽고 용기를 가지면 좋겠습니다. 하얀 모니터를 앞에 두고 걱정만 하던 제가 이제는 글을 쓰고, 글쓰기 코치로 일을 하고 있습니다. 누구나 자신의 경험으로 다른 사람을 도울 수 있습니다. 저 또한 저의 경험으로 글을 쓰고자 하는 사람들을 돕고자 합니다.

정인구

   내 글이 창피해서 쓰지 않았습니다. 지난해부터 매일 글 쓰기 시작했습니다. 쓰면 쓸수록 못 쓴다는 것을 느낍니다. 다행입니다. 써봐야 내가 얼마나 못 쓰는지 자각하게 됩니다. '글쓰기로 사람들의 삶을 풍성하게'라고 비전을 정했습니다. 처음 커피를 마시는 것처럼 어색했지만 익숙해졌습니다. 매일 책 읽고, 글 쓰고, 고치면서 삶도 고쳐지고 풍성해집니다. 글 쓰는 사람들의 삶도 그러하길 소망합니다. 오늘도 4시 30분 새벽을 엽니다.

정원희

   작가란 글쓰기를 두려워하지 않는 사람이다. 잘 쓰려고 하지 않으니 매일 쓸 수 있게 되었다. 잘 쓰고 싶으면 엉망진창의 글을 많이 쓰고, 고치기를 반복하면 된다. 어떤 일이든 총량의 법칙이 있다. 글쓰기도 예외는 아닐 것이다. 잘 쓰면 좋고, 못 쓰면 배우게 된다. 세상과 사람들을 돕겠다는 마음으로 글을 써야 한다고 마음먹으니 잘 쓰고 못 쓰는 것은 중요하지 않다. 글쓰기 실력은 여전히 형편없다. 정약용처럼 토니 로빈슨처럼 글 잘 쓰는 작가가 이미 되었다고 생각하고 오늘도 글을 쓴다.